HISTORIAS
QUE
IMPACTAN

Kindra Hall

HISTORIAS QUE IMPACTAN

Cómo la narración puede cautivar clientes,
influenciar audiencias y transformar tu negocio

AGUILAR

Historias que impactan
Cómo la narración puede cautivar clientes, influenciar audiencias y transformar tu negocio

Título original: *Stories That Stick*
Publicado por acuerdo con HarperCollins Leadership, un sello de HarperCollins Focus LLC.

Original English language edition published by HarperCollins Leadership (c) 2019 by Kindra Hall.

Primera edición: noviembre, 2020

D. R. © 2019 by Kindra Hall

D. R. © 2020, derechos de edición mundiales en lengua castellana:
Penguin Random House Grupo Editorial, S. A. de C. V.
Blvd. Miguel de Cervantes Saavedra núm. 301, 1er piso,
colonia Granada, alcaldía Miguel Hidalgo, C. P. 11520,
Ciudad de México

www.megustaleer.mx

D. R. © Penguin Random House / Amalia Ángeles, por el diseño de cubierta
D. R. © iStock by Getty Images, por la ilustración de portada
D. R. © Elena Preciado, por la traducción

ISBN: 978-607-319-267-5

Impreso en México – *Printed in Mexico*

El papel utilizado para la impresión de este libro ha sido fabricado a partir de madera procedente
de bosques y plantaciones gestionadas con los más altos estándares ambientales, garantizando
una explotación de los recursos sostenible con el medio ambiente y beneficiosa para las personas.

Penguin
Random House
Grupo Editorial

RECONOCIMIENTOS PARA
HISTORIAS QUE IMPACTAN

"Sin importar qué hagas o dónde estés en tu carrera, debes leer este libro ahora. Práctico, divertido y cierto, el nuevo libro de Kindra es un tesoro."

—Seth Godin, autor de *Esto es marketing*,
un bestseller de *The New York Times*

"Contar historias es una habilidad comercial esencial. Vuelve los datos más convincentes y la comunicación más efectiva. En su libro, Kindra Hall hace que el arte de narrar sea accesible para cualquiera. No tienes que ser un gran escritor para contar una buena historia, sólo necesitas saber cómo contar *Historias que impactan*."

—Charles Duhigg, autor de los bestsellers
El poder de los hábitos y *Más agudo, más rápido y mejor*

"He aquí una historia: tu negocio está en su estado actual, compras este libro, lo lees de una sentada como yo, te vuela la mente, tu negocio mejora mucho. Fin. Muchas personas cuentan historias. Algunas son grandiosas en eso y una puede enseñarte cómo hacerlo. Ésa es la historia de Kindra y su libro."

—Scott Stratten, autor de bestsellers como
El libro de los negocios exitosos, ganador de premios
y miembro del Hall of Fame Speaker/Storyteller

"Soy exigente con lo que leo, más con los libros de negocios. Pero Kindra me enganchó desde la primera página y no pude dejar su libro. Así es el poder de una excelente narración. Si quieres inspirar a tus clientes y a tu equipo, crear una visión que resuene y mejorar el marketing, *Historias que impactan* es una lectura esencial."
—Rand Fishkin, fundador de SparkToro

"En la actualidad, muchas veces perdemos el arte de narrar historias por todos los fragmentos, citas y copias de palabras de moda. Esto es una desgracia porque la historia es la manera en que nos hemos conectado con el otro desde que empezó el lenguaje. En *Historias que impactan*, Kindra Hall teje de forma maravillosa el argumento de la historia con la mejor forma de escribir una. Consejos que cada dueño de negocio e influencer necesita entender."
—Mel Robbins, autora del bestseller internacional
El poder de los cinco segundos

"Oportuna, personal, conmovedora y poderosa, *Historias que impactan* es una lectura obligatoria para mejorar tu negocio con el poder de las historias. ¡Súper recomendada!"
—Jay Baer, fundador de Convince & Convert
y coautor de *Talk Triggers*

"En mi negocio, contar una historia personal es la esencia de la autenticidad y prueba de que lo que hago y a quien ayudo en verdad logra resultados. Las historias comparten un viaje con el que mi equipo y yo nos identificamos y ofrece una forma de conectar con nuestros clientes de manera personal."
—Autumn Calabrese, emprendedora,
experta en nutrición y entrenamiento físico

Para el que se pregunta si tiene una historia que contar,
si puede y si debería…
este libro es para ti. Y la respuesta es sí, tres veces.

Índice

Introducción: Eslovenia, JFK y la historia que secuestró a mi esposo 13

Parte uno: El irresistible poder de la narración
1. Las brechas en los negocios y los puentes
   que las cierran (y no las cierran) 25
2. Había una vez un cerebro… 43
3. Qué genera una historia maravillosa 55

Parte dos: Las cuatro historias esenciales. Los relatos que todo negocio necesita contar
4. La historia del valor 85
5. La historia de la fundación 117
6. La historia del propósito 155
7. La historia del consumidor 185

Parte tres: Crea tu historia. Encontrar, escribir y contar tu historia

8. Encontrar tu historia 209
9. Escribir tu historia 231
10. Contar tu historia 251

Conclusión. Y vivieron felices por siempre sólo es el comienzo 265
Apéndice. Hoja de repaso de las cuatro historias esenciales 271
Agradecimientos 273
Notas 277
Acerca de la autora 285

Introducción

Eslovenia, JFK y la historia que secuestró a mi esposo

Era el fin de semana de Día de Acción de Gracias. A 10 mil kilómetros de distancia, la gente comía pavo y puré de papa, compartía sus razones para estar agradecida y se desmayaba en sillones con el rugido del futbol de fondo.

Yo no estaba haciendo ninguna de esas cosas... porque estaba en Eslovenia.

Seré honesta, "estoy en Eslovenia" no es algo que pensé que diría, con excepción de esa vez que conocí a un futbolista esloveno durante unas vacaciones en México y estuve convencida por un día de que me casaría con él. Pero ahí estaba. Ahí *estábamos*. Mi esposo, Michael (quien no juega futbol), y yo paseando por las pintorescas calles sobre el adoquinado un poco mojado de Liubliana, capital de Eslovenia. Y aunque extrañábamos el Día de Acción de Gracias, sin lugar a dudas me sentí agradecida. No sólo por la ciudad de cuento de hadas en que estábamos...

Sino porque escuché una de las mejores historias de venta que he oído en mi vida.

Antes de contar más, debo decirte algo. Las historias son mi vida. Son mi trabajo, mi moneda, la manera en que veo el mundo. Conté mi primera historia cuando tenía 11 años. Y desde ese día, las historias me han seguido, me han buscado y ahora paso mis días hablando sobre usarlas de manera estratégica y enseñando a los demás a contar las suyas.

De hecho, por ellas fui a Eslovenia. Fui invitada por Estados Unidos para hablar ante casi mil gerentes de marketing y de marca, ejecutivos de medios y creativos de publicidad de toda Europa del Este sobre el poder de contar historias en los negocios.

Así que ya imaginarás la ironía o, al menos, la intriga, cuando yo, la experta en historias, fui testigo del mayor golpe maestro de todos los tiempos de una historia.

Pasó una tarde del último fin de semana de noviembre. Aunque los eslovenos no celebran el Día de Acción de Gracias, la ciudad estaba de fiesta y viva porque celebraban el inicio de la temporada vacacional con el encendido de un árbol de Navidad. Michael y yo caminábamos entre miles de personas disfrutando del vino local, castañas rostizadas en fogatas de vendedores ambulantes... y más vino. El cielo nocturno era oscuro, el aire húmedo y frío, y las calles tenían un tenue y cálido brillo debido a la decoración navideña que colgaba entre los edificios. El distante sonido de los villancicos llegaba desde el centro de la ciudad y las vitrinas de las tiendas brillaban alineadas, llamándonos, invitándonos a pasar y explorar.

Bueno, eso no es del todo cierto. Las vitrinas de las tiendas me llamaban a *mí*, no a los *dos*. Las vitrinas no llaman a Michael porque él no compra. No hace compras en tiendas, en internet, en ofertas ni de ningún tipo. Casi no compra cosas. La banda elástica de sus calzones se desintegra antes de comprar nuevos. De hecho, es probable que ni siquiera tenga cartera.

Conforme nuestro viaje europeo continuaba, esta diferencia fundamental de nuestras preferencias en cuanto a compras se convirtió en una conversación repetitiva:

Yo: ¡Oh! Una boutique de diseño local. ¡Vamos a ver!

Michael: (Actúa como si no me escuchara. Sigue caminando).

Yo: ¡Oh! Una tienda que hace alfombras locales. ¡Vamos a ver!

Michael: (No me escucha. Sigue caminando).

Yo: ¡Oh! Todo en esa tienda está hecho con corchos. ¡Vamos a ver!

Michael: (Saca su teléfono, aunque no funciona. Sigue caminando).

Yo: ¡Oh! ¡Pan fresco!

Michael: (Respira profundo para sentir el olor a pan recién hecho. Sigue caminando).

Esto no me ofendía por dos razones. Primero, estoy acostumbrada. Y segundo, sólo llevábamos dos maletas de mano a ese viaje de una semana. Ni siquiera la pieza de pan más suave habría entrado en el equipaje, así que no insistí mucho.

Hasta esa noche. Hasta que vi... los zapatos.

Ahí, posados con orgullo en una gloriosa vitrina, había un par de zapatos impresionantes.

Eran plateados. Y brillantes. Incluso *relucientes*. Y tal vez era el vino (y la falta de pan), pero en ese momento no pude resistir más. Antes de que supiera qué pasaba, arrastré a un Michael que no sospechaba nada a una tienda en las calles de Liubliana.

Dentro, la tienda era una ecléctica mezcla de productos, desde relojes y joyería hasta arte y ropa. Fui directamente hacia los zapatos y dejé a Michael para que se las arreglara por su cuenta cerca de los perfumes.

Para mi decepción los zapatos eran espantosos. Grandioso. De manera inmediata comencé a sentir culpa por abandonar a Michael al primer brillo. Regresé a la entrada donde Michael trataba de esconderse detrás de una torre giratoria de perfumes. Justo cuando estaba a punto de tomarlo y llevarlo fuera a la seguridad del empedrado, un ambicioso vendedor esloveno de veintitantos años apareció de la nada detrás del mostrador de los perfumes, a sólo unos centímetros de Michael, y comenzó a llamarlo.

"Disculpe, señor, ¿buscaba una loción?"

"Oh no —pensé—. Este pobre chico está perdido…"

Michael no estaba buscando una loción. No sólo porque buscar una loción implicaba comprarla (de lo que ya hablamos), sino también porque Michael no usa loción. Nunca. No es del tipo de personas que usan lociones. Sólo estaba cerca de las lociones porque necesitaba un lugar donde esconderse.

Traté de decírselo al vendedor, pero no le importó. En vez de eso, removió con delicadeza una caja con rayas de una repisa.

"Ésta es la que más se vende", dijo, sus dedos (noté que eran más largos de lo normal) encuadraron la caja con delicadeza. Nos preparamos para ser rociados contra nuestra voluntad.

Pero el vendedor ni siquiera abrió la caja. En vez de eso, puso el paquete sin abrir sobre el cristal del mostrador y con la sutil sonrisa de un hombre que sabe lo que está haciendo, comenzó.

EIGHT & BOB

—Ésta es… Eight & Bob.[1]

"En 1937 un estudiante estadounidense guapo y joven visitaba la Riviera francesa. Tenía 20 años y había algo especial en él. Todos los que lo conocían sentían que tenía estrella."

El joven vendedor se detuvo un momento para ver si lo estábamos escuchando; lo hacíamos.

—Un día, este joven estaba en la ciudad y conoció a un francés llamado Albert Fouquet, un aristócrata parisino y experto en perfumes.

"Claro, el joven no sabía eso. Sólo sabía que el hombre olía *increíble*. Siendo encantador, el ambicioso estadounidense convenció a Fouquet (quien nunca vendía sus perfumes) que le compartiera una pequeña muestra de la irresistible loción."

Vi a Michael de reojo. Todavía no parpadeaba.

—Como podrán imaginar, cuando el joven regresó a Estados Unidos, otros también se fascinaron por el perfume y, si antes no era irresistible, ahora seguro que sí. El joven sabía que tenía algo, así que le escribió a Fouquet, implorando que le mandara ocho muestras más "y una para Bob".

Aunque no dijo nada, la cara de Michael hizo la pregunta que el vendedor respondió.

—Verán, Bob era el hermano menor del joven. Y ese joven, bueno, es probable que lo conozcan como John. O sólo como J.

La voz del vendedor se fue apagando antes de terminar el enunciado y Michael, como si acabara de descubrir el tesoro del pirata Willy Un Ojo, suspiró "FK".

—Sí —el vendedor asintió—. El joven del que hablamos no es otro que el mismo John F. Kennedy. Y la muestra era para su hermano Robert.

En este punto, yo ya no era partícipe de la interacción (si es que en algún momento lo fui), sino una espectadora. Aunque quería saber cómo terminaba la historia de Eight & Bob, estaba más interesada en la historia que sucedía frente a mis ojos.

—¿Ésta es la colonia de JFK? —preguntó Michael con asombro.

—De hecho, sí —el vendedor continuó—: Claro, como saben, las relaciones internacionales no siempre fueron buenas entre Estados Unidos y Francia. Y aunque no soy un experto en historia, sí sé que enviar botellas de perfume se volvió muy difícil. Así que, para proteger el envío de los nazis, las últimas botellas se escondieron...

El vendedor hizo una pausa y observó a Michael, cuya boca podría o no estar abierta.

—... en libros —con esa frase, el vendedor abrió la caja que sacó de la repisa hacía tanto. En la caja había un libro. Lo abrió. Y ahí, acomodado dentro de las páginas cortadas a la perfección para enmarcar el contenido, estaba una hermosa botella de loción.

En ese momento Michael dijo tres palabras que nunca había escuchado de él.

—Me la llevo.

CÓMO UNA HISTORIA CAMBIA TODO

En ese momento una cosa era clara para mí: a mi esposo lo secuestraron y reemplazaron con un impostor. Un extraterrestre que amaba comprar lociones. Para aclarar... una loción que Michael ni siquiera había olido.

Pero, la verdad, sé bien lo que pasó. No hay nada de extraterrestre con lo que le sucedió a Michael en esa tienda de Eslovenia. De hecho, su respuesta a los esfuerzos del vendedor fue lo más humano que pudo pasar.

Porque por más fuerte que sea el deseo de un hombre de mantener su cartera cerrada…

Aún más encantador que el mismo JFK…

Es el poder irresistible de una historia. Una historia localizada a la perfección y contada de manera impecable puede transportar a una persona más allá de la atención a un estado de fascinación total. Del tipo "no poder dejar de mirar". Del tipo "ups, se me pasó la salida". En estos momentos de la historia estamos, como mi esposo esa noche, atrapados de cierto modo que se siente casi fuera de nuestro control.

Hay una razón para sentir esto. Como veremos, cuando se trata de una buena historia, no hay mucho que podamos hacer. Desde el momento que el vendedor en la boutique comenzó con la historia de Eight & Bob, hubo un cambio en nosotros: un cambio en nuestro entendimiento, un cambio en nuestros deseos.

Éste es el cambio que muchos buscamos. Más allá de comprar botellas de loción, la transformación que logra una historia tiene un impacto profundo en los negocios. Convierte a los consumidores en conversos. Transforma empleados en misioneros. Ejecutivos en líderes. Cambia la naturaleza y el impacto del marketing y, tal vez lo más importante, transforma la manera en que nos vemos.

Cómo sucede ese cambio y cómo crearlo al aprovechar el poder de contar historias… de eso se trata este libro.

Como mandaba el destino, la única botella de Eight & Bob en la boutique esa noche era la muestra que vimos en la repisa. Ni siquiera podíamos comprarla. En su entusiasmo por contarnos la historia, el vendedor olvidó revisar si tenían más. Pero la incapacidad de llevar una botella a casa no disminuyó el entusiasmo de Michael. De hecho, lo aumentó.

Mi esposo (que por lo general es equilibrado) de repente estaba emocionado. Cuando dejamos la boutique y empecé a buscar un lugar para tomar vino, Michael hablaba y gesticulaba con el fervor de un europeo apasionado. Estaba maravillado con el gran empaque del producto, tan bien alineado con la historia. Se imaginaba la extraña loción esquivando a los nazis, llegando, tal vez en secreto, a la Casa Blanca. Libros misteriosos que contenían botellas de loción ocultas sobre el escritorio del presidente de los Estados Unidos.

"Deberíamos tratar de conseguir los derechos de distribución para Estados Unidos —dijo—. Es fabuloso. Todos deberían saber sobre la loción."

Recuerda: nunca hablamos sobre el olor de la loción. No importaba. Para cuando regresamos al hotel esa noche, decidimos regresar al día siguiente a la tienda en caso de que un envío hubiera llegado antes de tomar el vuelo de regreso.

Cuando llegamos a la mañana siguiente, el vendedor de la noche anterior no estaba. En su lugar, una mujer de mediana edad explicó que todavía no tenían Eight & Bob.

Tenía curiosidad.

—¿Puede decirnos algo de la loción?

—Veamos… —reflexionó—. Hay cinco tipos de lociones en la línea del producto. ¡Ah! Usan plantas únicas de… Francia. Parece que es muy popular. El empaque es lindo.

Después perdió el entusiasmo. Eso fue todo.

La diferencia de las dos experiencias fue sorprendente. Como si el día anterior hubiéramos entrado sin querer a una boutique de magos y durante la noche se hubiera transformado en un 7-Eleven.

Sorprendente. Pero no poco común. En mi trabajo veo esta tragedia de comunicación de manera habitual. Equipos de ventas luchando por comunicar la fascinante historia de la solución que ellos representan. Agentes que pierden el blanco tratando de atraer de manera efectiva posibles consumidores. Compañías cuyas culturas se marchitan en vez de prosperar porque sus líderes no pueden articular las historias de por qué hacen lo que hacen.

La buena noticia: no se necesita ninguna cantidad de magia para resolver este problema. En las siguientes páginas descubrirás cómo la narración tiene el poder de cambiar la forma en que todos piensan, se sienten y se comportan en los negocios… y cómo usar ese poder.

Y aunque recomiendo mucho Liubliana para vacacionar, no es necesario hacer el viaje.

PARTE UNO

El irresistible poder de la narración

1

Las brechas en los negocios y los puentes que las cierran (y no las cierran)

> La distancia más corta entre un ser humano y la verdad es una historia.
>
> ANTHONY DE MELLO

El chico más guapo de mi preparatoria era Andy K. Truthfully, era el más lindo desde tercero de primaria. Nadie sabía en realidad por qué. Tal vez porque nació en mayo, pero sus padres esperaron para meterlo a la escuela hasta el siguiente otoño, por lo que era el mayor. O tal vez porque era un atleta increíble. O sólo porque parecía un poco indiferente ante todo.

Cualquiera que fuera la razón, una tarde de otoño de mi primer año Andy ofreció compartir un refresco de uva conmigo y ahí se selló el destino de mi preparatoria. Andy pensaba que yo era buena, eso significaba que los demás también lo harían.

Eso fue en 1994. La aceptación social se medía de esa forma, por las cosas que compartías con los demás. Collares de corazones partidos a la mitad para mejores amigas, latas de refresco y otras formas de sobresalir: paquetes de chicles Extra.

Recuerdo que nunca salía de casa sin un paquete de chicles Extra de color verde neón (32 chicles envueltos de manera individual que se mantenían juntos con una tira de papel blanco). Podías sacar los chicles uno por uno del paquete, dejando un pequeño trazo de dónde estuvieron. Eran perfectos para compartir con amigos y chicos que se salían un poco de tu liga. Cada paquete vacío era un símbolo de aceptación social.

Al parecer, no era la única que le tenía fe a los chicles Extra. Por años, esta marca de Wrigley estuvo en la cima del tótem de chicles refrescantes. ¿Pagando en la tienda? Toma un paquete de Extra. ¿Cita con el dentista? No olvides los Extra. Era la marca de cajón y dominó el mercado hasta que de repente… no lo hizo.

Para 2013, casi 20 años después de mi primer año de preparatoria donde nunca consideré comprar otros chicles que no fueran Extra, la icónica marca se deslizó hasta el tercer lugar. Incluso cuando yo, que una vez fui leal a la marca, eché un vistazo a las filas de opciones de chicles, Extra ni siquiera me llamó la atención.

Antes de que empieces a sentirte mal por Extra y, en especial, antes de pensar que fue por su culpa (debieron cometer un error muy obvio, desafortunado de manera tonta e inevitable) seamos claros: éste es un problema fundamental en los negocios. No sólo para Extra. No sólo para productos que se ponen en una repisa. Es un problema en *todos* los negocios.

Al final, Extra estaba batallando, todos los negocios luchan… con cerrar una brecha.

LA BRECHA EN TU NEGOCIO

La meta de un negocio es entregar valores a la gente con rentabilidad, llevar el producto del punto A (el negocio) al punto B (la gente que lo consume). Eso es todo. Hay un número infinito de maneras de conseguir estas metas, claro, pero la meta general es simple.

Simple pero no fácil. Ninguna meta que vale la pena conseguir se logra sin obstáculos, y en los negocios hay muchos. ¿Cómo consigues que la gente compre? ¿Que invierta? ¿Cómo atraes talento? ¿Cómo lo mantienes? ¿Cómo convences a un departamento de actuar con los tiempos de algo que sólo le interesa a otro departamento? ¿Cómo convences a un superior para que acepte una idea? ¿Cómo reúnes informes directos sobre una iniciativa particular? ¿Cómo consigues que los proveedores entreguen a tiempo?

No importa dónde des vuelta, detrás de cada esquina y en cada ángulo, siempre hay obstáculos. De hecho, superarlos define a los negocios exitosos.

Pero me parece más útil pensar en esos obstáculos no como bloqueos abrumadores e inamovibles, sino como brechas. Es el espacio entre lo que quieres y donde estás. La brecha.

La brecha más obvia en los negocios es el vacío entre el consumidor y la empresa. ¿Cómo lleva la compañía su producto o servicio a las manos de las personas que lo necesitan? Cuando estás parado en la fila del supermercado y te enfrentas a 20 opciones diferentes de chicles, ¿cómo le hace Extra para que escojas su marca?

Aunque la brecha de ventas es importante, hay otras brechas en todos lados en los negocios. Hay brechas entre emprendedores y posibles inversionistas, entre reclutadores y posibles empleados, entre gerentes y empleados, entre líderes y ejecutivos.

Para lograr que un negocio funcione, tienes que cerrar las brechas.

Más importante, quienes cierran mejor las brechas, ganan. Si puedes vender mejor, lanzar mejor, reclutar mejor, construir mejor, crear mejor, conectar mejor, ganas.

Cierra las brechas, gana el juego.

Claro, para hacer eso necesitas *construir* el puente.

Y ahí empieza a desmoronarse todo.

MATERIALES MALOS, PUENTES DÉBILES

Sin importar el tipo de brecha que enfrentes en los negocios, debes dominar tres elementos clave para tener cualquier esperanza de construir puentes suficientemente fuertes para que tu audiencia deseada (posibles consumidores, miembros clave de equipos, inversionistas, etc.) pase a través de la gran división: atención, influencia y transformación.

Lo primero y más importante, los mejores puentes deben captar la atención y cautivar a la audiencia para que sepan que el puente está ahí. El segundo elemento, influencia, son los medios para lograr que la audiencia haga lo que quieres. Y tercero, si no deseas cerrar las mismas brechas una y otra vez, los mejores puentes transforman a la audiencia, creando un impacto duradero y cambiándola, por lo que ni siquiera considera regresar al otro lado del puente, cerrando la brecha para siempre.

Muy claro, ¿no?

El problema (la tragedia en realidad): a pesar de nuestros esfuerzos e intenciones, somos muy malos construyendo puentes. Sólo nos enfocamos en uno de los elementos, tal vez dos, pero rara vez en los tres. Le hablamos *a* la gente en vez de involucrarnos *con* ella. Nos inclinamos por lo más fácil o llamativo y, como resultado, nuestros puentes son endebles, efímeros y, a veces, en verdad ridículos. Pero como estas soluciones de mala calidad son tan comunes, nos convencimos de que son suficientes.

Piensa en todas las caras de agentes de bienes raíces que has visto en paradas de autobús, en las ventanas de publicidad que cierras de manera instintiva o las horas de comerciales que has cambiado cuando ves televisión. Por un tiempo, en 2016, cuando *Star Wars* estaba de moda otra vez, había un chico que se paraba frente a un salón de belleza en mi vecindario vestido de Darth Vader y sostenía una secadora para atraer gente para un corte de cabello. ¿Qué tiene que ver Darth Vader con un salón de belleza? Es difícil decirlo ya que siempre usa un casco, pero ahí estaba.

O considera al vendedor frente a un grupo de gerentes presentando su producto, equipado con un láser para apuntar que también cambia las diapositivas. El vendedor está muy confiado. Después de todo, no pasó menos de seis horas zambutiendo cada característica, beneficio, porcentaje y punto decimal en sólo ocho o nueve diapositivas para una presentación de 20 minutos. Digo, la gente en la sala no podrá leer nada de eso en la pantalla, es muy pequeña y abarrotada, pero no importa porque el vendedor está planeando *leérselos* tras bambalinas. ¿Quién podría decir que no a *eso*?

Por favor. Ese puente no es bueno y quien te diga que sí, es un mentiroso.

Consideremos los puentes que tratamos de construir de manera interna, los destinados a crear una cultura saludable en la compañía. Tal vez trabajas para una empresa comprometida con su misión y cultura. Genial. La cultura se enseña a través de un manual. Y con frecuencia los líderes de una compañía envían correos, boletines informativos o hablan desde un pódium usando las expresiones de la misión de la empresa. Tal vez está impresa en tazas. ¿Pero alguien *siente* algo sobre eso? Se saben las palabras,

¿pero las sienten en sus huesos? ¿Dan forma a sus decisiones y generan un sentido más profundo de compromiso?

Podría ser. Pero, de manera lamentable, la mayoría de las compañías y sus líderes han aceptado la mentira de que repetir la misión es suficiente para conectar y motivar equipos de trabajo. La verdad, con una pequeña discusión, un mínimo aumento de sueldo o algún beneficio extra prometido por otra compañía y (como dice una canción de cuna en Londres) el puente se estará derrumbando.

Dicho eso, creo que es justo mencionar que sí es posible cerrar una brecha sin los tres elementos esenciales, atención, influencia y transformación. Y sí es posible usar materiales baratos y planos diseñados para conseguir una recompensa inmediata en vez de un crecimiento duradero. Por ejemplo, lo confieso, soy muy mala para la publicidad en Instagram de fotos de ropa deportiva. Por lo general doy clic en la imagen, incluso algunas veces compro el producto. Pero cuando la gente me pregunta por mis pasatiempos, debo mencionar el ir a la tienda de UPS para regresar cosas, porque devuelvo 90% de lo que compro en Instagram.

Dudo que eso sea lo que busques.

Dudo que inviertas en publicidad sólo para que te regresen productos y se olviden. O que disfrutes crear rebajas cada que hay vacaciones. O hacer ventas que no se cierran. O hablar con empleados que te desconectan. O crear publicaciones en redes sociales que nadie ve. O implementar concursos al azar para conseguir metas arbitrarias. Dudo que contrates, capacites e incentives talento para que luego se vaya a otro lado cuando ofreces una papa un poco más pequeña.

Si en el camino al éxito de tu negocio han surgido brechas que parecen imposibles de cerrar, hay buenas probabilidades de que el problema comience con los elementos que estás usando (o no usando) para construir tus puentes.

La pregunta es: ¿qué funciona? Si ninguna de estas tácticas funciona para hacer el trabajo, ¿qué lo hará? ¿Hay alguna manera para capturar la atención, influenciar y transformar audiencias al mismo tiempo? ¿Cómo construyes puentes que duren y cierren las brechas de una vez por todas?

Son las mismas preguntas que los chicles Extra estaban desesperados por contestar.

LA SOLUCIÓN BRECHA-PUENTE

Con sus ventas a la baja y el título de rey de la montaña de chicles tambaleándose, Extra tenía que hacer algo. Al principio, hicieron lo mismo que cualquiera: regresaron a sus inicios. Volvieron a lo que funcionó en sus días de gloria. Redoblaron la característica por la que eran conocidos: sabor duradero. En los años ochenta no podías ver una comedia sin un comercial de gente sonriente viviendo lo mejor de su vida, mientras mascaba la misma pieza de chicle llena de sabor durante semanas (eso parecía).

¡Sabor duradero! Obvio, ésa era la solución. Así que el equipo de Extra creó más mensajes sobre cómo era en realidad. El resultado fue pésimo. Primero, consiguieron poca si no es que nula atención (una búsqueda en YouTube de cualquiera de estos comerciales te dejará con las manos vacías) y todavía menos influencia. Las ventas seguían bajando.

La realidad de la brecha continuaba. Cuando se trataba de ese punto crítico, ese momento de menos de dos segundos en la tienda cuando los consumidores podían escoger Extra, no lo hacían. Determinado, Extra buscó respuestas. Contrataron una empresa de investigación para determinar por qué la gente compra chicles y cómo decide cuáles.

Los resultados fueron fascinantes. Resulta que 95% de las decisiones se hacen de manera inconsciente, sin que el consumidor se dé cuenta.[2] Esto significaba que, para ser el ganador de la brecha cuando el comprador zombi busca una opción refrescante, de algún modo Extra debía introducirse en las profundidades de la psique humana. Tenían que existir en ese lugar especial donde la lógica no importa en realidad. Un lugar donde la compra de chicles fuera más que sólo comprar chicles, un lugar conectado con la experiencia humana.

Básicamente Extra necesitaba que los consumidores cruzaran el puente.

Pero ¿cómo? ¿Y eso era posible con algo tan comercializable como los chicles?

La respuesta que funcionó para Extra es la misma que funcionará para ti. No importa el escenario. No importa la brecha. No importa el producto o la audiencia. La forma más fácil y efectiva de construir puentes que capten la atención, influencien comportamientos y transformen a quienes los cruzan, resultando en brechas que permanecen cerradas y puentes duraderos, es con la narración.

Al final, las historias son las que impactan.

NARRACIÓN Y CONSTRUCCIÓN DE PUENTES DURADEROS

Antes de continuar, déjame aclarar algo. Aunque este libro es sobre contar historias en los negocios, no es ahí donde mi experiencia con el poder de la narración comienza. No trabajaba en una empresa de marketing o en un equipo de ventas y *después* descubrí el poder de las historias.

Mi experiencia *comenzó* con la narración. El negocio vino después.

Como dije antes, conté mi primera historia cuando tenía 11 años. Fue una tarea para mi clase de inglés en quinto de primaria. Continué contando historias por entretenimiento en la iglesia y después en el equipo de oratoria en la preparatoria. Después de la graduación, contaba historias en festivales de narración en todo el país. Asistí a talleres, retiros y conferencias de cuentacuentos. Me senté a los pies de maestros del relato que, sin intenciones ocultas, cautivaban audiencias de cientos de personas. Narradores que tomaban pequeños momentos y les daban un gran significado, sin nada más que el dominio de su narrativa.

Fue ahí, en la presencia de las historias en su forma más pura, que fui testigo de su poder irresistible. Ese que sin mucho esfuerzo incluye los tres elementos para la construcción de puentes: atención, influencia y transformación.

Narración y atención

De manera reciente disfruté un almuerzo con ejecutivos de marketing en educación superior. Se lamentaban del pésimo alcance de atención en sus consumidores, en concreto, personas de 17 años, y parecía que mi sugerencia de contar mejores historias en vez de enfocarse en usar la menor cantidad posible de palabras estaba causando un caos interno. Un caballero, calmando su frustración, preguntó: "¿Cómo sugieres que incorporemos una historia larga cuando nuestra audiencia tiene un periodo de atención más corto que un pez dorado?"

La pregunta era buena, pero con fallos. Primero, ese asunto del pez dorado (si lo has escuchado) es un mito.

Segundo, implicaba que el receptor del mensaje estaba equivocado, quitando de manera conveniente la culpa del creador del mensaje. Tal vez la gente no pone atención porque sus *hashtags* no importan en LVR (la vida real).

Para finalizar, y lo más importante, la pregunta revelaba la sutil creencia de que la relación entre los publicistas con la atención de la audiencia tiene que ser difícil. Pero, de hecho, cuando se hace de manera correcta, no es necesario robar o pelear por atención. Se da de manera libre, a voluntad y, en muchos casos, sin que la audiencia se dé cuenta.

Esta facilidad de atención es una de las fortalezas de contar historias y es el resultado de una ventaja que ningún otro tipo de intercambio de información tiene: el proceso de narración es cocreativo. Conforme el narrador cuenta la historia, el oyente toma las palabras y añade sus imágenes y emociones. Sí, la historia es sobre cierto personaje en cierto escenario, pero los oyentes llenarán el relato con su experiencia hasta que las líneas entre el mensaje y el receptor sean borrosas. Investigadores han explorado estos aspectos de la narrativa, llamando a la experiencia de perderse en una historia "transporte narrativo",[3] incluso mencionan que un aspecto negativo de esto es que, cuando nos transportamos en verdad a una historia, perdemos contacto con nuestro entorno inmediato.[4] Si alguna vez te pasaste la salida escuchando una historia en un podcast o audiolibro mientras manejabas, entiendes este efecto muy bien. Y piénsalo. ¿En ese momento te sentiste obligado a dar toda tu atención? No. Viajaste por voluntad propia al mundo de las historias. En este punto la atención se transforma en algo mucho más valioso: fascinación.

Cautiva a tu audiencia con una historia y, como yo lo descubrí en la boutique de Eslovenia, tendrás acceso a toda la atención que podrías necesitar.

Narración e influencia

Además de los efectos cautivadores de una historia o, para ser más precisos, como resultado de ellos, las historias poseen una cualidad persuasiva inherente. Investigadores han hecho pruebas de esto también, determinando que, a medida que las audiencias se pierden en una historia, su actitud cambia para reflejar la historia sin el típico escrutinio.[5] (Más de este escrutinio en el capítulo 4.)

Con las historias, la resistencia se disipa. Con las historias, no necesitamos probar la comida para querer ir al restaurante u oler la loción para querer comprar una botella. Una historia permite que la gente se enamore del producto, aprecie el valor del servicio y se sienta forzada a actuar. Cuando el vendedor esloveno comenzó a contarnos la historia de Eight & Bob, no nos sentimos vendidos o convencidos. Éramos participantes por voluntad propia y actuamos por nuestros deseos. Lo cual, no sé qué pienses tú, me parece una manera más deseable de cruzar el puente.

Narración y transformación

Sabemos que una historia tiene la capacidad de transportar al oyente al mundo de esa historia (atención). Sabemos que mientras más absorto esté el público en una historia, es más propenso a adoptar las perspectivas dentro de la narración (influencia). Y para el elemento final, investigaciones también han determinado que cuando el público emerge de la historia, están cambiados.[6] Y no sólo por un minuto o dos, los efectos son duraderos.[7]

¿Alguna vez saliste del cine sintiendo que la historia te seguía de vuelta a casa y se quedaba contigo un rato? ¿Alguna vez escuchaste la historia de un amigo que se entrelazó con la fibra de tu ser?

Una vez compartí una historia con dos amigas sobre una chica que perdió a su bebé ahogada en un trágico accidente. Mis amigas todavía comentan que nunca olvidarán esa historia y ahora vacían la alberca para niños cada vez que la usan.

Este tipo de impacto duradero no se reserva para Hollywood y tragedias, es inherente a cualquier historia bien contada. La historia de Eight & Bob hizo más que transformar, nos volvió conversos. La historia nos transformó. No podíamos esperar a contarla. Compartirla. Nos convertimos en el vendedor ansioso de contarnos la historia. El deseo de compartirla era tan urgente y contagioso como la tos y duró mucho más.

El poder transformador de una historia también se extiende más allá del receptor. A veces una historia transforma el mensaje en sí. La tarea de cerrar las brechas en los negocios puede parecer una transacción, con la sola meta de llevar consumidores y accionistas del punto A al punto B. Es fácil quedar atrapado en las actividades y responsabilidades del día a día, perder contacto con la causa más noble y grande debajo de todo que, llámame optimista, siempre está ahí, sin importar qué tan aburrido parezca el trabajo. Vuelve a enfocar el mensaje en esa noble causa y aprovecha el poder transformador de la narración.

Una vez trabajé con una empresa de transportes cuyo único propósito era mover cosas de un lugar a otro, pero ellos entendieron que su trabajo era ayudar a que sus clientes cumplieran sus promesas. Noble.

También trabajé con compañías que en la superficie parecerían ser las encargadas desalmadas de hipotecas y del proceso de compraventa inmobiliaria… pero como ellas lo entendieron, su trabajo hacía posible el sueño americano y permitía que la gente tuviera casa propia. Noble.

En los negocios, siempre hay más de lo que ve el ojo, algo más grande en juego. Contar la historia de ese algo transforma los negocios por completo.

Y Extra decidió contar la historia de eso más grande.

CHICLES EXTRA Y LA MEJOR HISTORIA PUENTE

Después de una extensa investigación e inversión en análisis del consumidor, Extra sabía sin ninguna duda que en esos críticos dos segundos en la fila de la tienda, la compra de chicles se hacía de forma inconsciente. Para ser la opción a elegir, Extra tenía que conectarse con los consumidores de manera real y visceral antes de ir a la tienda. Resaltar características no emocionales como el sabor duradero no era suficiente para cerrar la brecha, así que decidieron ir a lo grande.

A través de más investigaciones descubrieron que una de las emociones más profundas que alentaban la compra de chicles era "el aspecto social de compartirlos con otros".[8] Esto no aplica sólo para los chicles, otras opciones para refrescar el aliento como los Tic-Tac y Altoids también enfocaron el diseño de sus productos para alentar el compartir: un ganar-ganar. Quienes tenían mentas ganaban puntos sociales por su generosidad y quienes hacían mentas vendían más mentas. En esencia, como una empresa de fletes es más que mover cosas de un lugar a otro y las compañías de inmuebles son más que montones de papeles y firmas, los chicles, si decides verlo así (y más importante, si decides *venderlo* así), son más que un sabor duradero.

Los chicles son unidad, cercanía y conexión, todo esto es muy importante para la experiencia humana. Si Extra podía encontrar la forma de acceder a esa emoción, cuando los consumidores comenzaran a ver las filas de chicles un destello de ese mayor significado cruzaría su mente, conectándolos con Extra y llevándolos a comprar.

En 2015 Extra lanzó un video de dos minutos sobre un chico y una chica, Juan y Sarah, pero los nombres en realidad no importan. El chicle en realidad no importa. Lo que importaba era la historia.

El video comenzaba con una escena fuera de una preparatoria. Alcanzamos a dar un vistazo a Sarah. Es linda como "la vecina de al lado" y, mientras la cámara enfoca su rostro, ella sonríe un poco. En el siguiente cuadro vemos por qué está sonriendo (más bien a quién le está sonriendo): Juan, un joven apuesto con lindos ojos que también le sonríe.

Momentos después vemos a Sarah en su casillero y cómo se le caen todos los libros. Por cuestiones del destino, Juan está ahí para ayudarla a recogerlos. Como agradecimiento, Sarah le ofrece un chicle Extra. Es una de las pocas veces que vemos el chicle en el video.

En los dos minutos de video, vemos cómo evoluciona la relación de Juan y Sarah en varias etapas: su primer beso en el asiento delantero del carro de Juan, su primera pelea, los dos enamorándose como lo hacen los chicos de preparatoria. Después vemos a Sarah en un aeropuerto, se está marchando. Luego en la oficina de un rascacielos en alguna ciudad. De pronto, como Dorothy y Kansas, nos damos cuenta de que ya no es la preparatoria. Ésta es la vida real y el resplandor del principio del video ya no está. Todo se siente frío mientras Sarah y Juan tratan de hacer una videollamada.

Si buscas este video en YouTube y pones el cursor sobre la línea de tiempo en la parte inferior de la pantalla, verás que no queda mucho tiempo para que estos chicos resuelvan las cosas.

También te darás cuenta de que no necesitas mucho tiempo para preocuparte por cómo resolverán las cosas. Pero llegaremos a eso más adelante.

Con sólo unos segundos restantes, la escena cambia. Sarah está entrando a un espacio vacío. ¿Una galería de arte abandonada tal vez? ¿Un restaurante sin mesas? No lo sabemos. Sarah parece confundida también.

Mira alrededor y observa una serie de pequeñas imágenes enmarcadas en la pared. Camina a la primera. Es un dibujo de un chico ayudando a una chica a recoger sus libros frente a un locker. Sarah sonríe. Nosotros sonreímos.

En el siguiente cuadro hay un dibujo de un chico besando a una chica en el asiento delantero de su carro.

Conforme Sarah pasa por cada cuadro, nos damos cuenta de que son dibujos de momentos de la relación de Juan y Sarah y nos recuerda el hermoso amor que comparten.

¡Espera! ¿Recuerda? Sólo han pasado 70 segundos. Apenas es suficiente tiempo para procesar, no para tener que recordar. Pero una sensación de nostalgia nos baña por completo. Nostalgia por Juan y Sarah o tal vez por nuestra historia de amor. Parecen armonizar.

Sarah llega al final de los dibujos.

Sostengo el aliento mientras se acerca al último dibujo.

Sus ojos se abren. Es el dibujo de un chico en una rodilla, sosteniendo un anillo, ¡proponiendo matrimonio a la chica!

¡Pero espera! Eso no tiene sentido. Juan no le ha propu...

Nuestro inconsciente se va apagando, nuestra quijada se cae, nuestros ojos brillan cuando Sarah voltea y ve a Juan sobre una rodilla, sosteniendo un anillo. Se abrazan y el video regresa a ese primer intercambio: una sutil sonrisa de una chica linda a un chico lindo. Y ahora, aquí están.

He visto este video muchas veces. Es muy útil cuando escribes un capítulo cuyo arco narrativo se desarrolla alrededor de una historia dentro de otra historia. Dicho eso, el video me llega cada vez que lo veo.

De hecho, estoy escribiendo estas palabras a 9 mil metros de altura desde un vuelo de conexión. Me conecté al Wi-Fi con la computadora y vi el video. Sin pensarlo, presioné *play* y me transporté de inmediato al mundo de Juan y Sarah. Dos minutos después, había lágrimas bajando por mis mejillas y sollozaba sin control. (Por lo general, me sentiría cohibida, preguntándome qué pensaría la persona sentada a mi lado sobre la llorona del asiento 7A. Pero en este vuelo el sujeto sentado al lado mío no deja de sacudir la pierna y ha hecho que toda la fila tiemble las últimas dos horas, así que creo que estamos a mano.)

También es importante resaltar que, como acabo de cambiar mi teléfono por un iPhone X, no tengo audífonos compatibles con mi laptop. Así que tuve que ver el video de Juan y Sarah sin sonido. Menciono esto porque tal vez algunos puedan argumentar, después de ver el video, que es la música la que hace la historia tan cautivadora. Pero incluso sin sonido, la historia remueve un nervio en mí. Había algo en el desarrollo de la historia de Juan y Sarah que me regresó en el tiempo. Al verlo, de pronto estaba de nuevo en el primer año de preparatoria y recordé la emoción y la inocencia y la belleza de cuando Andy me entregó la lata de refresco de uva y me sonrió. Aunque nuestra historia no terminó en una propuesta, la conmoción emocional de un viaje indirecto por el carril de la memoria era justo lo que Extra quería y lo consiguió de manera abrumadora.

En este momento tal vez sea importante recordarte que esta historia, la de Juan y Sarah, era sobre chicles. Esa cosa que compras sin pensar y que masticas de manera descuidada. Si Extra quería mejorar sus ventas, debía conectar con tus emociones para poder alterar tus hábitos inconscientes de compras. Así que, ¿cómo conectas de manera emocional a la gente con chicles? Les cuentas una historia. La historia de Juan y Sarah. Y de manera sutil metes tu producto en la historia. Un chicle compartido al principio y, ah, lo olvidaba, porque apenas lo noté, todos los dibujos al final de la historia están dibujados en el interior de envolturas de chicles Extra. Sí, ahí está el chicle. Pero la historia es sobre más cosas.

Cuando cuentas una historia, siempre es así.

Extra tomó el video original y creó versiones de 15, 30 y 60 segundos. Como sabían que la versión de dos minutos sería la de más impacto, lanzaron una significativa campaña publicitaria digital de esta versión, así que cuando las versiones cortas salieron en televisión, muchos espectadores ya habían visto la historia completa.

La respuesta fue todo lo que Extra pudo esperar: tweets, retweets; publicaciones en Facebook; ¡ay Dios!, hasta Ellen DeGeneres tuiteó sobre eso; y los espectadores de YouTube votaron por él como el comercial del año en la categoría "Videos que te llegan".

Aunque todos queremos amor social, publicaciones con "me gusta", comentarios o que compartan nuestras publicaciones, a Extra lo que más le preocupaba era cerrar la brecha de ventas. El éxito de esta campaña se midió sólo con el hecho de si la gente compraba o no paquetes de chicles Extra. En el momento crítico, el momento real de cerrar la brecha, ¿los consumidores *compraron* Extra?

Sí, lo hicieron.

El video de dos minutos se ha reproducido más de cien millones de veces y lo más importante: Extra revirtió sus ventas en picada.[9]

Eso es un vivieron felices para siempre, si es que alguna vez hubo uno.

DEL POR QUÉ AL CÓMO

Los beneficios de la narración son convincentes y reales y, en efecto, responden al por qué de este libro. Contar historias es una de las herramientas más poderosas que existen para construir negocios. Cautiva, influencia y transforma a los consumidores, accionistas, talento y demás, cerrando brechas en negocios con puentes duraderos.

¿Pero cómo funciona eso? ¿Cómo es que algo tan simple como una historia puede ser tan poderoso en los negocios? Para entender esto y empezar el proceso de encontrar y contar tus historias, necesitamos viajar a la fuente donde inician y al lugar donde encuentran su hogar en el receptor: el cerebro.

2

Había una vez un cerebro…

Hackear el sistema nervioso con una historia para cautivar, influenciar y transformar

> Las historias son el lenguaje
> del cerebro.
> Lisa Cron, *Story Genius*

En el verano de 2014 el Centro Médico Maricopa estaba en un lío.

Para ser claros, esto no era algo nuevo. Los hospitales de nivel municipal y distrital casi siempre están en apuros. No todos los hospitales se crean igual, y si diriges un hospital municipal en Estados Unidos, hay grandes posibilidades de que estés al final de la cadena alimenticia, donde los líos prevalecen.

Este problema se resume a la demografía. Si eres acaudalado y tienes un buen seguro o una cobertura sólida en tu trabajo, un hospital municipal por lo general no es tu primera opción para tratarte. Si estás en el grupo de bajos ingresos con poca o nula cobertura o sin ningún seguro, con frecuencia un hospital municipal es tu única opción. Maricopa, como la mayoría de los hospitales municipales, es una red de seguridad social.

Pero a pesar de su estatus de hospital municipal, el Centro Médico Maricopa, en Maricopa, Arizona, tiene una reputación extraordinaria. Para los casi 20 mil pacientes al año que entran por sus puertas, hay numerosos doctores y unidades especializadas, incluida la segunda unidad de quemados más llena en el país, que tiene un rango de sobrevivencia de pacientes de 97%. Como el hospital de enseñanza más antiguo de Arizona, Maricopa sobresale por cultivar increíbles médicos cada año. En casi cualquier medida, Maricopa desafía su pequeña escala, su estatus de hospital municipal, su capacidad, y es reconocido de manera nacional por su excelencia.

Pero como en todos los centros de salud municipales, la búsqueda de fondos es una historia interminable. Después de todo, es difícil ser una red de seguridad para una comunidad que en su mayoría es pobre… y funcionar al mismo tiempo.

Aquí entra la Fundación de Salud Maricopa (MHF, por sus siglas en inglés). Aunque el hospital intenta conseguir fondos públicos, el trabajo de la MHF es obtener inversión privada para apoyar al hospital. Como parte de esa misión, la MHF hace una cena de recaudación de fondos llamada Copa Ball. Es una parte importante de los esfuerzos de la fundación. Pero la recaudación de fondos de 2014 fue preocupante.

Conseguir fondos para hospitales municipales es difícil por definición. A diferencia de la recaudación para una fundación de arte o caridad notoria, la gente que frecuenta el hospital (y que por lo tanto sería la más interesada en apoyar de manera financiera) está ahí porque no tiene dinero. Cuando la gente que *usa* un servicio no es la misma que ayuda a *pagar* ese servicio, la recaudación de fondos se vuelve muy difícil.

El año anterior, la fundación intentó abordar esto al poner a los médicos en el escenario a hablar sobre su trabajo. Los doctores hablaron sobre la naturaleza urgente de su labor y de la importancia con la que necesitaban tecnología A o equipo fundamental B. Al final, se le pidió a la audiencia dar una donación financiera para la fundación.

Como dentro de la audiencia había un número considerable de doctores y profesionistas locales, las presentaciones de los médicos parecían una buena idea. ¿Credibilidad? Listo. ¿Conexión? Listo. ¿Pero apoyo *financiero*? No tanto. La recaudación funcionó, pero se quedó corta. No reunió lo que esperaba.

Ese año había un reto mayor: un fondo de bonos de casi mil millones de dólares se iba a votar en el estado. En un estado conservador, los bonos no eran muy populares. Sólo los mejores esfuerzos en publicidad e iniciativas interminables conseguirían los votos necesarios para aprobarlo. Claro, la mejor publicidad y cualquier cosa interminable requieren mucho dinero. Esto significó que a la gente que asistió a la noche del Copa Ball 2014 ya se le había pedido, en muchas ocasiones, dar dinero para apoyar las iniciativas de publicidad del bono. También que, sin importar quién subiera al escenario ese año, le hablaría a 600 personas a las que ya se les había pedido dinero y estarían cansadas de que les siguieran pidiendo.

Cuando me reuní con el MHF, estaba preocupada por el primer problema: la brecha entre los usuarios de bajo ingreso y los potenciales donadores de altos ingresos. El reto, como yo lo vi, no sólo era convencer a la gente de participar con su dinero al crear un argumento más convincente sobre la importancia de las cosas. Era un recurso racional, pero parecía condenado a ser una repetición de los malos resultados del año anterior.

A la gente que asistía al Copa Ball, expliqué, no le faltaba empatía. Y contrario a lo que todos pensaban, tampoco le faltaba dinero, la gente siempre dará a causas que le importan. La fundación necesitaba cerrar la brecha entre los donadores y el hospital. Necesitábamos que los donadores vieran que no sólo estaban financiando una entidad impersonal, estaban financiando *su* hospital, un hospital que les importaba.

Sabía que esa brecha se podía cerrar a través de una historia porque, como la MHF descubriría después, las historias tienen un lugar único en el cerebro humano.

LLORAR A 10 MIL PIES: CÓMO UNA HISTORIA DIRIGE EL CEREBRO

Las películas de amor pasaron de moda.

Seis años antes Paul Zak le dijo eso a su esposa. Lleva a una novia a ver esas películas, no a él. A él dale películas de prisiones o peleas, Stallone o Schwarzenegger, no Nicolas Sparks.[10] Pero las cosas cambiaron en un vuelo de regreso a casa en California, donde Zak, un neurocientífico, dijo: "Descubrí que soy la última persona que te gustaría que se sentara al lado de ti en un avión".

Exhausto después de cinco días en Washington, D. C., Zak dejó el trabajo y su laptop por el chico duro, Clint Eastwood, ganador de un permiso por la dirección de *Golpes del destino*. En el clímax de la película, Zak comenzó a llorar. Y no sólo era llorar, era un llanto incontrolable, o, como él lo describió: "Grandes sollozos descuidados".[11]

En su trabajo, Zak tiene el crédito del descubrimiento de que la oxitocina, un pequeño neuroquímico producido en el hipotálamo del cerebro de los mamíferos, es más que el químico que sirve de unión entre madres e hijos. Demostró que se sintetiza en el cerebro por la confianza y eso motiva la reciprocidad. Comprobó que la oxitocina es un químico prosocial. Nos ayuda a crear vínculos, confianza y amor. De hecho, su trabajo le consiguió el apodo de *Doctor Amor*. Después de su dramática experiencia en el avión, el Doctor Amor se preguntó si el cerebro liberaba oxitocina cuando veíamos películas, ¿por eso lloramos?

Para descubrirlo, Zak trabajó con un grupo de estudiantes de posgrado para diseñar un experimento en el que los sujetos veían un video sobre un hospital para niños. En él, un padre hablaba sobre su hijo de dos años, Ben, quien tenía cáncer cerebral terminal.

"La historia tiene un clásico arco narrativo dramático en el que el padre está batallando para conectarse y disfrutar a su hijo, todo mientras sabe que el niño tiene sólo unos meses de vida. El video concluye con el padre encontrando la fortaleza para permanecer de manera emocional cerca de su hijo 'hasta que inhale por última vez'."[12]

No hay necesidad de decirlo, el video es una historia emocionalmente intensa.

Otro grupo también vio un video de Ben y su padre, pero uno en el que pasan un día en el zoológico. Es llegador a su manera, pero sin el dramatismo del primer clip. Donde el primero es una historia, el segundo es más una cobertura descriptiva.

El equipo de Zak midió la oxitocina en la sangre de ambos grupos antes y después del video y descubrieron que los que vieron el primer video (el de la historia) tuvieron un incremento de 47% de oxitocina.

Pero lo que interesa en los negocios viene después, cuando la oxitocina comienza a cambiar el comportamiento. Los que vieron el primer video fueron más generosos con los demás y dieron más a la caridad para pacientes con cáncer. Las historias, en otras palabras, conectan mejor a las personas, generan más confianza y generosidad.

PERO PRIMERO, ATENCIÓN...

Claro, no puedes impactar de ninguna manera en alguien a menos de que tengas su atención. Tienes que cautivar para influenciar. No puedes ganar confianza si nadie te ve.

Las historias también nos ayudan en esto.

En experimentos más extensos, Zak notó que la gente que veía anuncios de servicios públicos incrementaba sus donaciones a la caridad 261% más cuando su oxitocina y cortisol (relacionado con la atención) aumentaban.[13] Sólo un factor no era suficiente para obtener esos resultados: se necesitaba atención y confianza.

En el laboratorio, Zak demostró la base neurológica de lo que los narradores han sabido por años: las historias enfocan tu atención y crean vínculos, basados en confianza entre las personas. En esencia, la investigación de Zak mostró cómo las historias ponen a la gente en la intersección de la fascinación y la influencia.

Una vez que captaste la atención de la gente con un poco de cortisol y que ganaste su confianza, gracias a la oxitocina, la gente se volverá más generosa. Pero no necesitas llevar a la gente a un laboratorio y darle una dosis de neuroquímicos para influenciar su comportamiento. Sólo tienes que contarles historias. Y eso fue justo lo que la MHF decidió hacer.

HACKEAR CON UNA HISTORIA PARA APOYAR LA CARIDAD

El formato del Copa Ball es similar al de muchos eventos de caridad. Un orador da un pequeño discurso y después hay una petición, una solicitud de donaciones. Las chequeras o celulares con la aplicación que se les da comienzan a salir y después otro orador toma el escenario. Es como un pequeño teletón, donde los artistas hacen lo suyo y el anfitrión pide donaciones.

Éste es un modelo efectivo sólo si el orador cumple. Mi trabajo era convencer a MHF de que sólo tener oradores promocionando la causa y enfatizando su importancia no era suficiente. Como en el estudio de Paul Zak, la clave para más donaciones recae en usar una historia para cambiar mentes y corazones, para incrementar la atención y confianza y, a través de todo eso, la generosidad. Expliqué que la lógica, credibilidad y retórica no iban a hacer que la causa fuera más importante que el año anterior. Aunque al usar historias podríamos hackear la neurología que conecta personas en un nivel fundamental y lleva a la confianza y generosidad.

Después de reunirme con la fundación, sugerí que llenaran la lista de oradores basándose en el tipo de historias que necesitaban contar en vez de escogerlos por su pedigrí. En vez de elegir primero a la gente, sugerí revisar las historias.

Armados con algunas ideas para historias, la fundación comenzó a buscar oradores. Y encontraron justo lo que necesitaban, que por cierto no eran doctores. En vez de eso, la alineación de oradores de ese año en la Copa Ball incluyó una antigua secretaria de Estado, un joven con una importante reconstrucción facial en el hospital y una famosa celebridad local.

Como el año anterior, cada persona tenía credibilidad. Era una posible coincidencia social y demográfica para los donantes que estarían en el evento. Pero este año los oradores tenían algo mejor: historias. En las siguientes semanas me reuní con cada uno para ayudarles a plasmar y trabajar sus historias.

Cuando llegó la noche del evento, me paré con ansias en la parte de atrás del salón, nerviosa por los oradores, pero emocionada de tener el lugar lleno con 600 personas que experimentarían las mismas historias que yo había escuchado y nutrido.

El primer orador fue un antiguo paciente del hospital. Estaba en sus 20 años cuando intervino en una pelea en un bar con terribles consecuencias. Lo golpearon horrible, su rostro quedó destrozado y con una órbita ocular rota.

Cuando llegó a Maricopa, era claro que necesitaba cirugía inmediata. Sólo había un problema: no tenía seguro. La cirugía reconstructiva es prohibitivamente costosa. Para una persona sin seguro casi apenas salida de preparatoria, su capacidad para pagar era nula. Tendría que pasar la vida desfigurado.

El hombre explicó cómo le dijo al doctor que no tenía seguro y no podía pagar la cirugía. "El doctor sólo puso la mano en mi hombro —recordó— y dijo: 'Nosotros te apoyamos'."

Esa noche, bajo las luces del escenario (y ni siquiera de cerca) era imposible ver las placas de metal que los doctores en el Centro Médico Maricopa colocaron con cuidado bajo la piel del rostro de este apuesto chico. Pero todos podían ver las pequeñas lágrimas que cubrían sus ojos mientras le decía al público encantado qué se siente saber que, cuando más lo necesitas, más de lo que jamás lo harás, alguien te apoya.

Cuando se hizo la petición, la respuesta fue abrumadora.

Betsey Bayless fue la siguiente oradora. La antigua secretaria de Estado por Arizona tenía mucha credibilidad. También fue directora ejecutiva del Sistema de Salud Integrado de Maricopa (MIHS, por sus siglas en inglés), lo que era otro reto. Sería muy tentador y se sentiría más segura de regresar a una retórica que conocía muy bien: discursos corporativos de alto rango sobre el importante trabajo que hacía el hospital y por qué donar era tan importante. Pero la secretaria Bayless tomó la ruta menos transitada y contó una historia, no como antigua CEO o secretaria de Estado, sino como hija.

Años antes, su padre había sufrido un derrame cerebral. Necesitaba atención inmediata. No llamó a los paramédicos porque sabía que lo llevarían al hospital más cercano, un hospital privado muy lujoso. En vez de eso, la secretaria Bayless pasó a su padre a una silla de ruedas, luego al auto e hizo el desgarrador viaje al Centro Médico Maricopa.

"Cuando llegamos el doctor estaba esperando en la banqueta. Cuando alguien que amas necesita ayuda con desesperación, no imaginan lo que se siente saber que, en Maricopa, alguien está esperando por ti."

De nuevo, la audiencia respondió de manera emocional y con donaciones.

La última oradora fue Marilyn Seyman. Con un doctorado y décadas de experiencia en finanzas y gobierno, Marilyn era una joya de Phoenix muy conocida y respetada. Pero su mensaje no era la súplica idealista estándar. En vez de eso, compartió una historia personal sobre el día que estaba paseando con una amiga y la atropellaron. Al no poder contestar cuál era el hospital de su preferencia, la ambulancia la llevó al más cercano: el Centro Médico Maricopa.

Marilyn contó la historia de la increíble atención que le dieron los médicos. Cuando llegó el momento de la tercera petición, la audiencia casi arroja su dinero al escenario.

La noche fue un éxito fenomenal. No hubo escasez de lágrimas, risas y buena voluntad. Así como una historia redujo a lágrimas a Paul Zak a 10 mil pies de altura, las historias llevaron una corriente de oxitocina de conectividad emocional a través de toda la multitud. La gente estaba cautivada por las historias de pérdidas, esperanza y redención. La audiencia se conectó con la gente que contó su historia de una forma en la que nunca había sucedido en el Copa Ball.

De hecho, no es irracional decir que fue más que una simple conexión, una sincronización poderosa. Como Uri Hasson, un neurocientífico de Princeton, demostró, el cerebro de los narradores y de quienes escuchan las historias se pueden sincronizar.[14] Las historias no sólo nos hacen similares entre nosotros, nos hacen *querernos* el uno al otro. Paul Zak observó: "Si pones atención a la historia y te identificas de manera emocional con los personajes, es como si te hubieras transportado al mundo de la historia. Por eso tus manos sudan cuando James Bond esquiva balas y moqueas cuando la mamá de Bambi muere".[15]

Incluso sin la acción de James Bond o la ternura de Bambi, la Copa Ball llegó al mismo proceso cerebral. Cuando se hicieron las cuentas, las donaciones fueron más del doble que las del año anterior.

CAMBIO DURADERO

Las historias de los oradores de esa noche fueron el puente que necesitaba la organización. Pero incluso Paul Zak estaba un poco confundido en su estudio por lo bien que la narración conseguía donaciones. Escribió: "Si lo piensas las donaciones son muy raras [...] el dinero donado a la caridad no ayuda a estas personas con sus problemas [...] pero la oxitocina hace que la gente quiera ayudar a los demás de manera costosa y tangible".[16]

Zak habla del efecto duradero de las historias, esto es, la tercera parte de cerrar de manera efectiva la construcción de un puente, en concreto, la transformación que ocurre por cambios en el cerebro. La oxitocina en el cerebro, que se libera por historias, también activa otro circuito llamado HOME (empatía mediada por oxitocina humana) por sus siglas en inglés (human oxytocin-mediated empathy). Entre otras cosas, este circuito usa dopamina, que es un neuroquímico de refuerzo. Y la dopamina nos ayuda a aprender al darnos una pequeña sacudida cada vez que algo notable pasa.

En otras palabras, las historias crean impactos duraderos porque recordamos mejor cuando las escuchamos. Es uno de los atributos más cautivadores de la narración. Vuelve a un tiempo antes de las computadoras, fotografías, libros, incluso antes de la palabra escrita y encontrarás historias, dichas de manera verbal y transmitidas de generación en generación. ¿Por qué? Porque eran impactantes. Sobrevivieron. Una lección aprendida con una historia es una lección que se recuerda cuando se necesita.

Una lección aprendida puede hacer toda la diferencia en la evolución de una especie. O en la vida de un hospital. Porque las historias fascinan e influencian el cerebro, pero también lo transforman.

O como dijo Zak de manera muy elocuente: "La narrativa termina, pero los efectos sobreviven".[17]

NO CUALQUIER HISTORIA...

Hay una trampa en todo esto.

Para que una narración tenga el poder de cautivar, influenciar y transformar el cerebro, hay dos cosas fundamentales (que también sabemos por el estudio del impacto neuronal de una historia). Primero: de verdad debe existir una historia. Si alguna vez has asistido a una conferencia, a una junta en lunes por la mañana, o cualquier cosa que implique diapositivas de PowerPoint y mucho texto, sabes que no todo es una historia.

Segundo: no todas las historias se crean igual.

De hecho, muchas son malísimas.

En esencia, la lección que nos enseña la neurociencia sobre el cerebro y los negocios es: debes usar buenas historias.

Lo que nos lleva a la pregunta ¿qué *es* con exactitud una historia y cómo cuentas una genial?

Qué genera una historia maravillosa

(Y vence perritos y supermodelos siempre)

> El poder de la narración es exactamente esto: cerrar las brechas donde todo se derrumbó.
>
> PAULO COELHO

Mi abuela paterna era una gran fanática de los deportes. Incluso cuando ya la mente le fallaba, podía recordar los nombres y las estadísticas de cada jugador de los Twins y de los Vikingos de Minnesota. Con el tiempo, apenas reconocía a sus nietos, pero todavía reconocía un jugador por la forma de caminar en el campo.

Los domingos con mi abuela fueron mi primer acercamiento al futbol americano. Años después, cuando Michel y yo salíamos, él también prefería pasar los domingos en el sillón viendo el futbol. Para que no lo convenciera de lo contrario, comenzó a contarme sobre el drama detrás del juego. Los intercambios, el resentimiento, las traiciones, los equipos odiados. Cuando supe sobre las historias, ya no me podías quitar de ahí, aunque lo intentaras. Y créeme, hubo momentos en los que Michael quería hacerlo. Al parecer, gritarle a la televisión sólo es apropiado en ciertos momentos del juego, no todo el tiempo. "¡Eso te mereces, Tony Romo, por dejar a Jessica Simpson!" "¿Santos? ¿Santos? ¡¿Qué clase de nombre es ése?! Creo que los veremos en el infierno por ese golpe a Favre." Incluso perdí la voz y casi me meto en una pelea en el Supertazón XLIII cuando los Cardenales jugaron contra los Acereros.

¿Qué puedo decir? Me involucro con facilidad en la tragedia y el triunfo de un buen juego. Y no soy la única. Para el Supertazón, gran parte de la nación termina envuelta en el drama. Y si resulta que eres de los que apuestan, ese drama alcanza otro nivel.

El Supertazón de 2014 entre los Halcones Marinos de Seattle y los Broncos de Denver fue duro para los apostadores. Dos tercios de ellos se fueron con los Broncos, una decisión que resultó ser un error muy costoso. En el que sería el peor día de la historia de un Supertazón para los apostadores, Seattle aplastó a Denver y ganó el Supertazón 48 en uno de los mayores resultados inesperados en la historia del juego.[18] Mientras, Denver impuso su propio récord al ser el único equipo en las últimas tres décadas en hacer menos de 10 puntos en una final, auch.

Para la mayoría de los apostadores en Estados Unidos, el juego fue un desastre. Y aunque quienes calculan las probabilidades entendieron mal el juego, un hombre se las arregló para hacer una apuesta que sí se volvió realidad: predijo con precisión qué anuncio sería el favorito de la transmisión de 2014.

¿QUÉ SON 4 MILLONES DE DÓLARES ENTRE AMIGOS?

El Supertazón es un fenómeno de marketing. Casi un tercio de los estadounidenses ve el juego todos los años, un número impactante.

Sólo por la cantidad de ojos es el sueño de cualquier publicista. Pero el Supertazón tiene un encanto especial que las transmisiones de otros eventos no: la gente quiere ver los comerciales.

Loco pero real. Si alguna vez has ido a una fiesta de Supertazón has experimentado el extraño fenómeno de primera mano. Uno de los pocos momentos en el que los televidentes se quedan callados es cuando aparecen los comerciales.

Para los anunciantes, la combinación de tantos ojos concentrados es el nirvana de la publicidad. Los comerciales del Supertazón no sólo obtienen más atención que otros (expertos comienzan mesas de comentarios sobre ellos semanas antes del juego), sino que las marcas tienen cierto crédito publicitario sólo por presentarse. Los anuncios del Supertazón dan a las compañías y a sus publicistas un caché que no se puede comprar.

Excepto que sí se *puede* comprar. Ése es el punto. Y en 2014 los comerciales alcanzaron un récord de cuatro millones de dólares por un anuncio de 30 segundos.

Incluso con tantos ojos, es un precio alto cuando no hay evidencia clara de que el Supertazón genere ventas. Volkswagen aseguró obtener 100 millones de dólares en publicidad gratis por su estupendo comercial que presenta un niño disfrazado de Darth Vader[19] (sí, a veces un disfraz de Darth Vader funciona a favor de las marcas), pero calcular el rendimiento es complicado. Incluso si haces las cuentas, un comercial en el gran juego es igual a una apuesta. Hazlo mal y pierdes millones de dólares. Y lo más importante, hazlo muy mal y quedas mal frente a millones de personas. Como para quienes calculan las probabilidades, para los anunciantes del mundo el Supertazón es una gran apuesta.

No hay duda de que estas cosas estaban en la mente de más de una persona en Anheuser-Busch cuando hicieron el comercial de "Puppy Love" para el Supertazón de 2014. Además de los grandes intereses, la marca también tenía una reputación que proteger. Sus anuncios de Supertazón con temática de caballos clydesdale fueron *hits* eternos, asegurando un lugar en la clasificación de los mejores cinco anuncios (más veces que cualquier otra marca en la última década).

Sólo eso hacía que el siguiente comercial fuera favorito en las apuestas. No había duda de que Anheuser-Busch tiraría la casa por la ventana. Y si analizas el comercial a fondo, hay muchas razones por las que alguien podría pensar que sería el ganador.[20]

Primero, es muy lindo. O sea, está centrado en un cachorrito de labrador, por amor de Dios. Aunque más allá de la ternura, el anuncio fue dirigido por Jake Scott, hijo del afamado director Ridley Scott, quien, como dato curioso, dirigió el famoso anuncio de Apple "1984" que se transmitió durante el Supertazón XVIII. Los humanos frente a la cámara incluían a una hermosa actriz y exmodelo de trajes de baño y un hombre fuerte y guapo. Además, estaba la canción de fondo: la hermosa "Let her go" del músico inglés Passenger.

En resumen, había muchas razones para creer que el comercial ganaría.

Pero ésas no fueron las razones por las que John Hopkins, profesor de marketing, y Keith Quesenberry, investigador, pensaron que el anuncio sería el ganador. Ellos predijeron con exactitud que el anunció sería un favorito, no porque presentara un perrito y humanos guapos, sino porque tenía una historia.[21]

SALVE LA NARRACIÓN

Ahora, es obvio que estás leyendo un libro sobre narración y es probable que el tipo de persona que compra un libro sobre este tema sea alguien que cree en el poder de una historia o, al menos, está intrigada con la idea. Y dado que estás intrigado o apostando por lo que una historia es capaz de hacer, quizá no te sorprenda la declaración de arriba: un comercial será elegido para ganar porque cuenta una historia.

Pero esta aceptación casual de la historia es la fuente del problema de la construcción de puentes y el cierre de brechas que explicamos en el capítulo 1. La narración se ha convertido en un sinónimo de no fallar, en un elixir que cura todo y como resultado nadie la cuestiona. Contar una historia es la respuesta de manera obvia.

Tal vez te sorprenda saber esta noticia, esta aceptación ciega de la narración es muy nueva.

En diciembre de 2004, una década antes del Supertazón 2014, lo único que se interponía entre mí y mi descanso de un mes en casa era la primera junta para la defensa de mi tesis de maestría.

Es mucho peor de lo que suena.

Como estudiante de posgrado, pasas la primera mitad del año juntando y analizando investigación y después escribiendo un documento preliminar de 20 páginas sobre una idea que quieres abordar el segundo semestre. La defensa es una reunión con los profesores clave de tu departamento, quienes durante no menos de una hora te ponen a prueba a ti y a tu idea. Si te va bien en la defensa inicial te dan la bendición para continuar. ¿Si te va mal? Es tu muerte académica.

Mi tesis examinaba el rol de la narración en la socialización organizacional. Quería determinar qué rol (para bien o mal) jugaban las historias en la construcción de la cultura de una compañía. Hoy este tema no interesa. Todos exploran la cultura de las compañías y la narración por lo general es aceptada como algo que pasa, debería pasar o está pasando. Pero en 2004 no era el caso.

No recuerdo qué llevaba puesto. No recuerdo quiénes estaban en la habitación. Pero nunca olvidaré lo denso que estaba el ambiente cuando tomé mi lugar en la mesa. Una de las profesoras, mi asesora de tesis, me dio la bienvenida y agradeció al resto de los asistentes, pero antes de señalar, mucho menos mencionar, los bocadillos que habíamos llevado, uno de los profesores dijo: "Estoy en desacuerdo con la premisa de tu tesis".

No veía muy seguido *Sala de urgencias*, pero hasta yo sabía que éste era el equivalente del momento amenazante cuando el osciloscopio que pita se vuelve un sonido alarmante de un solo tono. ¡Es una línea recta! El paciente está muerto. Entrada de música triste.

La habitación estaba en silencio. Todos observaban sobre los bocadillos hacia mí. El profesor continuó, leyendo partes del documento que pasé semanas, sí, pero también una vida, escribiendo.

"Los humanos son criaturas narradoras por naturaleza." Se burló: "No".

"Las culturas usan historias para dar sentido y crear un significado compartido." Dijo: "No".

Pasé la siguiente hora luchando por la narración, por su validez, por su rol en nuestra vida, en nuestro trabajo y en lo que significa ser humano. Es un fenómeno que vale la pena estudiar, una habilidad que vale la pena investigar. Planteé que contamos historias para recordar, para cooperar, entretener. Contamos historias para enseñar, compartir y sobrevivir.

El hecho de que nosotros, los *Homo sapiens*, seamos los ganadores de la evolución para seguir existiendo es *por* nuestra habilidad de contarnos historias los unos a los otros. Nuestra habilidad de contar historias nos permite "no sólo imaginar cosas, sino hacerlo de manera colectiva". Éstas son palabras de Yuval Noah Harari en el bestseller de *The New York Times* de 2015: *Sapiens*. Sólo le tomó 24 páginas de las 443 para mencionar la narración.

"La habilidad de hablar sobre ficción es la característica más singular del lenguaje *sapiens* […] tales mitos dieron a los Sapiens la habilidad sin precedentes de cooperar de manera flexible en grandes números", esto significa que "podemos cooperar en maneras de extrema flexibilidad con un sinnúmero de extraños".

Harari admitió que "contar historias efectivas no es fácil […] pero cuando sucede, le da al *sapiens* un poder inmenso, porque permite que millones de extraños trabajen y cooperen por una meta en común. Imagina lo difícil que hubiera sido crear estados, iglesias o sistemas legales si sólo pudiéramos hablar de las cosas que existen en la realidad como ríos, árboles o leones".[22]

Nunca he conocido a Harari. Espero hacerlo. Un día me lo encontraré en la calle. Ya planeé qué le voy a decir: "Ese libro fue fabuloso. ¿Por qué no lo publicaste seis años antes?"

Entonces habría usado ese libro. Ahí necesitaba la munición. Cuando estaba sentada en la mesa de la universidad sola, rodeada de poderosos académicos, que de manera esencial tenían mi futuro en sus manos. Tenían el poder de dejarme continuar mi investigación o mandarme de regreso al principio. Y retrasar mi vida de manera indefinida porque no creían en (y no podía convencerlos de) la importancia de la narración.

No estoy segura de qué dije ese día. Por fortuna para mí, lo que sea que haya dicho fue suficientemente bueno, me permitieron continuar con mi tesis y titularme a tiempo.

Aunque yo era la única en la habitación defendiendo la eficacia de una tesis sobre contar historias ese día de diciembre, pregunta a cualquier defensor de la narración de principios del siglo XXI y te dirán que el valor de las historias, en particular en los negocios, en algún momento fue un tema difícil de defender. No debió ser, pero lo fue. Entonces el consenso general era que con más información se podían tomar mejores decisiones. El secreto para hacer negocios era dar a los consumidores y a los miembros de equipos de trabajo más opciones y más información.

Los negocios se centraban en la lógica.

Y después, de repente, ya no lo hacían.

EL EMPERADOR DE LA HISTORIA NO TIENE ROPA

Hace muchos años estaba sentada en un café del vecindario, la MacBook Pro en la mesa, los audífonos en su lugar y trataba de trabajar. Pero ya sabía. Si en verdad quería terminar algo debía ir a la biblioteca o por lo menos a un café en otro vecindario. En vez de eso, platiqué con una docena de diferentes personas que conocía de mil lugares distintos y no hice nada.

Cuando empecé a sentirme culpable de pagarle a alguien por cuidar a mis hijos mientras yo socializaba, entró un conocido. Era un desarrollador comercial de bienes raíces que conocí en el gimnasio. Tuvimos una conversación amistosa sobre qué clases habíamos tomado (en su caso *no* había tomado) esa semana. Cuando me preguntó en qué trabajaba, le mencioné la narración. Ya sabía que estaba involucrada en esto y dijo que había leído algo de mi trabajo.

Agregó: "De hecho, acabo de comprar un libro en el aeropuerto sobre la narración. Creo que necesito convertirme en un mejor contador de historias".

Conocía el libro sobre el que estaba hablando, en realidad sólo había uno en esa época. También sabía que no le iba a ayudar mucho.

Seguro, usaba mucho la palabra *narración*. Incluso tenía ejemplos de lo que la mayoría pensaría que eran historias. Pero después de leerlo, quedarías con la misma pregunta que tenías cuando diste los 25 dólares para comprarlo. ¿Qué es una historia? ¿Y cómo la uso en mi negocio y vida?

Cuando le pregunté qué opinaba del libro, se encogió de hombros. Estaba bien, dijo. Me di cuenta de que estaba decepcionado. No me sorprendió, recuerdo que en ese momento pensé que faltaba mucho trabajo para hacer la narración en los negocios más accesible. Más factible.

Desearía poder decirte qué cambió desde entonces. Por qué, en sólo unos años, contar historias pasó de ser algo que tus hijos escuchaban en la librería a algo que estaba presente en las conversaciones de Gary Vaynerchuk y Richard Branson. Tal vez tuvo que ver con esas 24 páginas del libro de Harari. Cualquiera que fuera la razón, ¡de repente todo tenía que ver con la narración! Las compañías pensaban en relatos. Las redes sociales sólo trataban de historias. Las historias tenían *algo*.

Las publicaciones de Facebook eran historias.

Las misiones de empresas eran historias.

Páginas de internet tenían una pestaña sobre "Nuestra historia".

Los eslóganes eran historias.

En algunos casos, sólo decir la palabra *historia* constituía una historia. Y nadie lo cuestionaba, porque todo se trataba de eso.

No olvidaré el día en que entré a la farmacia Walgreens en 2018 con mis dos hijos. El de siete años había jugado mucho con los pasamanos en el parque y tenía las manos llenas de ampollas reventadas en muchos grados. Asqueroso.

La clase de natación era en una hora y necesitábamos con desesperación curitas a prueba de agua. Teníamos una misión, pero esa misión se vio interrumpida de inmediato cuando mi hijo insistió en que necesitaba usar el baño. Mientras esperaba afuera, algo llamó mi atención.

Era una góndola de tienda. No estoy segura de qué producto exponía, sólo veía un panel desde donde estaba parada, cuidando la puerta del baño de hombres. Pero las palabras en negritas "Nuestra historia" brincaban del paquete. Curiosa, abandoné mi puesto, caminé tres pasos hacia la góndola y tomé una caja para leer la historia que me prometieron:

hydraSense® transforma el poder puro y refrescante del agua de mar en hidratación confortable. Cada gota de agua de mar en nuestros productos hydraSense viene de la bahía de Saint-Malo, Francia, donde poderosas corrientes renuevan de manera constante el agua de mar, creando una riqueza de minerales naturales. Después tomamos esta agua rica en minerales, la purificamos y desalinizamos a niveles isotónicos para un confort nasal óptimo.[23]

¿Qué? ¿*Eso* es una historia?

No lo creo.

Hagamos una pausa aquí por un segundo. Sí has escuchado una historia de verdad antes, ¿cierto? Alguien te leyó historias a la hora de dormir. Te juntaste con tus amigos a beber y compartir historias. Cada Navidad el tío Tom cuenta la misma historia de pesca. Tu pareja se fue a un viaje de negocios y llamó para contarte sobre un horrendo accidente en particular en la aduana. ¿No?

Has escuchado una historia.

Déjame preguntarte una cosa, ¿la frase en el producto de hydraSense de alguna forma se parece a una historia que hayas escuchado en tu vida?

¡No!

La gente no habla así. Y cuando alguien lo hace, es seguro que no lo considera una historia. Tus amigos no dirían "te tengo una historia" para luego recitar los productos en su lista del súper. (Si lo hacen, consigue nuevos amigos.)

Aquí reside el problema.

En su ascenso a la aceptación, popularidad y palabra de moda, perdimos el rastro de lo que es una buena historia.

No me malentiendas. Me encanta que la narración se haya convertido en una palabra de moda en los negocios. Amo que la gente, al menos, sea consciente de que hay lugar para ella en la publicidad, ventas y liderazgo. Es maravilloso que sean pocos los que estén en desacuerdo con la premisa de la narración estratégica. Pero hay un aspecto negativo.

En el drástico vaivén del péndulo de la narración llegamos muy lejos. Ahora creemos que todo es una historia. Si das clic en el enlace que dice "Nuestra historia", no encontrarás un relato. En la actualidad, cuando alguien dice "ésta es nuestra historia", puede seguir un conjunto de fechas, currículums, ingredientes o quién sabe qué más. He visto vendedores pararse frente a una habitación y decir: "Déjenme contarles la historia de XYZ". Luego proceden con fechas, estadísticas y una o dos infografías en una proyección. Quiero pararme y objetar, como el profesor hizo en la defensa de mi tesis.

Sí. Las historias son muy poderosas.

Sí. Deberías contar historias para hacer negocios. Y a veces sí lo hacemos.

Pero las historias, en algún momento, se confundieron con marcas. Y de alguna forma olvidamos que no todo es una historia.

Cuando ves los anuncios, reuniones, lanzamientos y las salas de juntas del mundo, todavía hay una carencia de narración en los negocios.

Y después, cada cierto tiempo, se cuenta una historia de verdad y la recordamos.

CUANDO DE VERDAD SE CUENTA UNA HISTORIA

En 2007 necesitaba un nuevo par de lentes.

Había escuchado de Warby Parker. Parecía que todos los chicos buena onda los usaban, así que pensé probarlos. Diez días después de la cita y de escoger el armazón, los lentes llegaron a casa.

Abrí la caja, luego el estuche y ahí estaban, un nuevo armazón y un pequeño pañuelo rotulado para limpiar los lentes. El pañuelo no estaba rotulado con el logo de Warby Parker sino con su historia. Una historia real:

WARBY PARKER EN 100 PALABRAS

Había una vez un joven que dejó sus lentes en un avión. Trató de comprar unos nuevos. Pero eran costosos. "¿Por qué es tan difícil comprar lentes con estilo sin tener que gastar una fortuna?", se preguntó. Regresó a la escuela y les dijo a sus amigos: "Deberíamos empezar una compañía para vender lentes asombrosos a precios razonables". Uno de ellos agregó: "Deberíamos hacer que la compra de lentes fuera divertida". Otro dijo: "Deberíamos distribuir un par de lentes para alguien con necesidad por cada par vendido". ¡Eureka! Así nació Warby Parker.[24]

Ahí está. Una historia real y excepcional.

Justo como el mejor comercial del Supertazón de 2014.

NO SE TRATA DE LOS PERRITOS

Alerta de spoiler: Ni Anheuser-Busch ni Keith Quesenberry necesitaron preocuparse por sus apuestas. Bud la hizo en grande con "Puppy Love". De hecho, el comercial fue catalogado como el más popular y no sólo ese año sino en toda la historia del Supertazón.[25] Mejor aún, con los consumidores esparciendo la palabra sobre él, fue el comercial más compartido del juego, más que el resto de los mejores 10 combinados.[26]

"Pero ¿por qué?", se preguntaban Quesenberry y su colega Michael Coolsen de la Universidad de Shippensburg. Para descubrirlo y hacer su apuesta por "Puppy Love", analizaron dos años de comerciales del Supertazón. Descubrieron que la diferencia entre los mejores en las encuestas y los últimos era si contaban una historia real. Las historias ganan sobre la atracción sexual, el humor, el poder de celebridades, incluso sobre lindos perritos. Quesenberry observó: "No hace daño que el publicista use un lindo perrito, pero 60 segundos de un perrito jugando con una botella de Budweiser no habría sido un *hit*".[27]

Parecía que Quesenberry tenía un punto. Si comparas a los 10 mejores y peores de los dos extremos del espectro de comerciales, verás que usan lo que piensas que atrae a los televidentes: lindos personajes, gran música, humor y una gran producción. Pero sólo las historias geniales cumplen.

Y ahí está la gran pregunta. ¿Qué demonios *es* una gran historia?

QUÉ SE NECESITA PARA CONTAR UNA HISTORIA REAL

Filósofos, escritores, lectores y críticos han discutido sobre esto a lo largo de los años. Para Quesenberry, las buenas historias se caracterizan por algo llamado una estructura de cinco actos, que se popularizó con Shakespeare. Hay modelos de siete actos, el viaje del héroe en nueve puntos y *w-plots*. Hay cosas como prólogos y aumentos en la acción y desenlace. Hay un suministro interminable de teorías de narración, una más complicada que la otra. Y todo esto está bien si tu objetivo es *Hamlet*.

Pero voy a arriesgarme con esto y tratar de adivinar que tú, como yo, no estás tratando de escribir una obra maestra shakespeareana. Supongo que te preocupa más levantar una compañía o llevar un producto a las manos de alguien que crear una saga legendaria. Apenas tienes tiempo para revisar tus correos antes de enviarlos, mucho menos para desarrollar un complicado viaje del héroe.

Si ése es el caso, estás de suerte. La buena narración no es tan complicada como podrías pensar. Si estás tratando de cerrar brechas para mejorar tu negocio, necesitas un modelo más simple. No requieres de Shakespeare. Necesitas algo que puedas usar en un evento o publicar en redes sociales o implementar en la siguiente junta de equipo. Tal vez no seas Budweiser, Spielberg, Hemingway o Shakespeare y no lo quieres ser. No tienes 4 millones de dólares para gastar, pero el interés es igual de alto.

Lo que necesitas son los cuatro ingredientes esenciales para que una historia sea una historia.

Y una manera simple de conjugarlos.

Y has venido al lugar correcto.

LOS CUATRO COMPONENTES DE UNA HISTORIA GENIAL

En 2018 mi equipo en Steller Collective, una compañía dedicada al estudio, creación y enseñanza de la narración estratégica, decidió poner a prueba nuestro entendimiento y metodología del arte de contar historias. Queríamos saber, sin que quedara ninguna duda, qué se necesitaba para contar una historia eficaz. ¿Qué hacía la diferencia entre un mensaje como el que Warby Parker rotuló en sus pañuelos y el raro que hydraSense imprimió en sus paquetes?

Creamos una encuesta diseñada para probar la efectividad de diferentes tipos de mensajes de marca. Ésta era la hipótesis: los mensajes que incluyen ciertos componentes de una historia serán más convincentes que los mensajes que no los tienen. Los componentes estudiados fueron los mismos que usé durante décadas en mensajes que aspiraban a ser historias:

- Personajes identificables
- Emoción auténtica
- Un momento significativo
- Detalles específicos

Analicemos cada uno de estos componentes para asegurarnos de entenderlos porque, una vez que los dominemos, iremos por buen camino a la tierra prometida de las historias.

Personajes identificables

Si alguna vez has leído libros sobre narración, seguro conoces el término *héroe*. Si éste es tu primer libro sobre el tema, es probable que hayas visto mensajes motivacionales en Instagram diciendo:

"Sé el héroe de tu historia". Y sí, aunque la idea del héroe es clásica, cuando se trata de contar historias en los negocios, creo que este término es extremo, intimidante y un poco confuso. La palabra *héroe* sugiere la obligación de hacer algo épico (o al menos estar vestido con un disfraz llamativo y tener bucles) para tener una historia que contar. Esto no podría estar más alejado de la realidad.

Lo que toda historia necesita es mucho más sencillo que eso.

No necesitamos un héroe. Necesitamos un personaje identificable. Alguien que nos importe y con quien conectemos.

Para ser claros, un personaje no es el nombre de una compañía. No es un valor con el que alguien está comprometido. No es una gran masa de personas o un pequeño grupo. Una historia necesita un personaje o varios personajes individuales que podamos identificar y conectarnos con ellos.

En "Puppy Love" hay muchos, animales y humanos. Es fácil preocuparse por los perritos. ¿Un hombre que se preocupa por un perrito? Sí, estamos bien por completo con ese personaje. ¿Un enorme y poderoso caballo que se hace amigo de un perrito? Sip.

¿Tu software? No.

¿Tu sopa? No.

¿Tus aparatos, servicios o cosas? Nop.

A menos que conviertas esas cosas en personajes, como los M&Ms, sólo son productos. Necesitamos un personaje. No un héroe. Un personaje identificable.

Emoción auténtica

Otro componente que nos pareció esencial fue la presencia de una emoción auténtica. Una lista de eventos o incidentes no hacen una historia genial. La emoción no tiene que ser demasiado dramática, puede ser tan simple o común como la frustración, asombro o curiosidad. Pero tiene que estar presente.

Además, como aclaración, la emoción no se refiere a lo que el receptor experimenta, sino a la emoción que sienten los personajes o es inherente en las circunstancias de la historia. Es a través de esa emoción que el receptor experimenta empatía con la historia. Sin emoción no hay empatía, sin empatía se reduce el impacto del mensaje.

O ésa era la hipótesis.

Un momento significativo

El tercer componente para una historia eficaz es un momento. Un punto específico en el espacio, tiempo o circunstancia que diferencia la historia del resto de nuestra existencia. Es una manera de tomar una descripción que de otra forma podría ser genérica y general, hacerle un acercamiento y permitir que el público la vea mejor.

Puesto de otra forma, ¿recuerdas los mapas? Si hay un mapa de una gran ciudad con mucha información, con frecuencia incluye algunas inserciones, porciones ampliadas de un espacio en particular. Eso hace un momento en una historia. Se concentra en una pieza en particular de una experiencia o un conocimiento en expansión. En vez de ir a lo grande y general, necesitamos ir a lo pequeño y detallado.

Por ejemplo, hace poco estuve trabajando con los directivos de una escuela privada en Nueva York que trataban de diferenciarse en el ambiente más competitivo y educativo conocido por el hombre. (Mis hijos van a la escuela en Nueva York. Me salió urticaria por escribir esto.) Querían crear un mensaje alrededor de la apertura de una nueva sucursal internacional de su escuela en Sudamérica. Cuando comenzamos, las que serían sus historias incluían frases como "fue increíble ver a los niños experimentando diferentes culturas…", "fue algo que nunca había visto…" Y después se detenían. Ésa era la historia, de manera básica, el mapa completo. Y como no había ningún acercamiento o momento magnificado, todo era olvidable.

Para arreglar esto, cambiamos su lenguaje y clarificamos algunos momentos. En vez de hablar en términos generales, cada persona se enfocó en un incidente del que fue testigo de un estudiante inmerso en una nueva cultura. Para un directivo, fue durante el almuerzo en la cafetería. El directivo abundó en el momento y describió ver a los niños probando nueva comida y riéndose cuando el picante de alguna salsa era demasiado para alguno de los niños visitantes. Para otro directivo, fue ver a los estudiantes estadounidenses negociar para jugar en la cancha. Para otro, fue atravesar las puertas de la escuela ese primer lunes en la mañana y notar lo diferente que era el olor del lobby. Hacer énfasis en el acto de caminar a través de las puertas de la escuela fue lo que hizo una distinción de una discusión general sobre estar ahí. Cada uno de esos momentos sirvió para concentrar la atención. De ahí ya podían expandir la experiencia en un sentido general, pero la claridad del momento fue crítica para la eficacia de la historia.

Con frecuencia, cuando los mensajes están pensados para ser historias y salen mal es porque son muy vagos, de alto nivel, muy generales. Para que una historia sea cautivadora tiene que incluir un momento específico en el tiempo o espacio físico. Este componente, más el cuarto, que discutiremos a continuación, ayuda en lo que yo llamo el proceso cocreativo. Donde los oyentes se involucran de manera directa en crear una versión de la historia en su mente y, al hacerlo, la historia se vuelve impactante por más tiempo.

Detalles específicos

Este componente implica el uso de detalles específicos, descriptivos, a veces inesperados y de imágenes relevantes para el público al que va dirigida la historia. Todo esto con el fin de crear y llevarlos a un mundo similar al suyo. Mientras más fino el detalle, mejor.

Las historias más fuertes e impactantes son las que dominan este último componente. Usar detalles específicos en una historia es una manera de ilustrar lo bien que el narrador conoce al público. Si, por ejemplo, estás contando una historia al público de 1980, un detalle puede ser un estéreo portátil. Si estás contando una historia para un público lleno de padres, un detalle podría ser la batalla por meter la carriola en la cajuela del carro. Cada uso de un detalle demuestra al público con qué profundidad el narrador lo entiende y construye una fuerte conexión entre ellos dos y el mensaje.

Un podcast reciente de NPR presentó el trabajo y legado del genio del marketing Tom Burrell. En 1971 Burrell fundó una de las primeras agencias publicitarias conformadas sólo por afroamericanos y cambió la forma en la que el mundo veía la publicidad con su eslogan: "La gente negra no es gente blanca con piel oscura".[28]

En aquellos días era común filmar dos versiones de un comercial, uno para audiencia blanca y otro para negra. Pero en vez de crear dos guiones, sólo escribían uno y después filmaban la versión blanca con actores blancos para audiencia blanca y una versión negra con actores negros para la audiencia negra, ignorando por completo los matices culturales que no traspasaban o resonaban de una audiencia a la otra. Los comerciales siempre fallaban con la marca.

Burrell fue pionero con su trabajo en publicidad al reescribir guiones para hacerlos familiares, cercanos, relevantes y creíbles a los espectadores afroamericanos. El hombre de Marlboro no era un vaquero en las montañas, sino un hombre negro con suéter en el centro urbano de una ciudad y el anuncio obtuvo una gran respuesta. El trabajo de Burrell fue revolucionario y un ejemplo perfecto de la importancia del uso de detalles específicos como una manera de conectar con la audiencia pretendida al crear escenas y escenarios familiares para ella.

Los detalles específicos atrapan la imaginación del público. Este componente lo lleva a las profundidades del mundo de la historia, un mundo que, si se hace de manera correcta, se verá y se sentirá familiar.

La ejecución de este componente final es la señal de un narrador experto. Por ejemplo, Michelle Obama puede agradecer al componente de los detalles específicos por el discurso de su vida en la Convención Nacional Demócrata 2016. Dejando la política de lado, el discurso de la ahora exprimera dama fue muy poderoso por el uso de la historia y, más importante, el excelente uso del componente de los detalles específicos para atraer estadounidenses y llevar su mensaje a lo más profundo de su psique.

La historia comienza con fuerza cuando, en el minuto 1:16, la exprimera dama usa el componente del momento para llevar a la audiencia a un punto muy específico en el tiempo: "Un viaje que comenzó justo después de que llegamos a Washington. Cuando salieron el primer día a su nueva escuela. Nunca olvidaré esa mañana de invierno".

Entonces ella incluye detalles específicos de sus hijas partiendo a su primer día de escuela: "Vi sus pequeños rostros recargados en las ventanas".

Y ahí estaba. Mandar a tu hijo a la escuela por primera vez es un momento lleno de emoción, un momento que se queda grabado en tu memoria si eres padre. Ya sea que tomen el autobús o los lleves tú, es probable que hayas visto sus "pequeños rostros" y hayas visto tu vida frente a tus ojos en un instante.

¿No tienes hijos? No te preocupes. Sin duda recuerdas la primera vez que partiste a algo nuevo y puedes imaginar la emoción. De cualquier forma, al escoger un detalle con el que mucha gente en su audiencia se identificaba, Michelle Obama puso a todos en la misma página y lugar emocional. Con esos pequeños detalles familiares dirigió la enorme sala y el país.

PONER HISTORIAS A PRUEBA

Una vez que mi equipo tuvo estos componentes en orden, de manera meticulosa implementamos una encuesta en línea a nivel nacional con mil 648 respuestas administradas por Edison Research. A los encuestados (todos padres de familia) se les presentaron dos mensajes: un mensaje genérico de control sobre un juguete para niños llamado Builder.co y una versión seleccionada al azar de un mensaje sobre el mismo juguete que incluía uno, dos, tres o los cuatro componentes listados arriba. Además, el orden en que se presentaron los dos mensajes, genéricos o con historia, se rotó para contrarrestar el sesgo de latencia y de inmediatez.

Después de leer cada uno, los encuestados valoraron qué tan convincentes encontraron los mensajes. Después se les pidió que escogieran cuál de los dos mensajes consideraron más cautivador, entretenido, memorable, persuasivo y fascinante.

Debo admitirlo, cuando la encuesta salió al mundo, sentí cierta inquietud y regresé a la defensa de mi tesis. ¿Nuestra hipótesis sería apoyada? ¿Esto es en verdad lo que hace una buena historia?

También admitiré que hubo un poco de festejo cuando llegaron los resultados con un abrumador "sí". En todos los casos, incluso si el mensaje sólo tenía uno de los componentes, se desempeñó mejor que el mensaje que no contenía ninguno. Además, mientras más componentes tenía el mensaje, más atractiva era la historia. El 63% de los encuestados que recibieron ambos mensajes dijo que la historia con los cuatro componentes fue más cautivadora, entretenida, memorable, persuasiva y fascinante que el mensaje sin ninguno, el que, de manera accidental, era un mensaje que sonaba muy parecido a los mensajes que las marcas nos tienen acostumbrados a escuchar.

En particular, estos resultados deberían ser emocionantes para ti. Digo, sí, a lo mejor resulta que conoces a Jake Scott, tienes cuatro millones de dólares y acceso a las mejores agencias de publicidad, entrenadores de perros y encantadores de caballos del negocio, entonces tal vez estos descubrimientos no te importen mucho. Seguro puedes pagarle alguien más para que entienda las historias por ti.

Pero ¿qué pasa si no tienes esas cosas? ¿Cómo creas un mensaje merecedor del Supertazón?

Bueno, ahora ya lo sabes. La razón por la que el comercial de Budweiser tuvo tanto éxito, de acuerdo con expertos y explicado por nuestra investigación, tiene más que ver con la historia que con cualquier otra cosa. Y las historias no cuestan nada. Sólo requieren algunos componentes clave.

Ahora tienes una lista simple de lo que necesita tu historia. No son millones de dólares. No requieres conflictos excesivos o un complicado viaje (la historia del Builder.co era sobre un padre que deseaba pasar más tiempo de calidad con sus hijos). Sólo necesitas un personaje, alguna emoción, un momento y uno o dos detalles para crear una sensación de familiaridad y 63% de la gente encontrará tu mensaje más cautivador que si no los tuvieras.

Ahora que ya conoces los componentes esenciales y comprobados de lo que hace una gran historia, falta juntarlos de alguna forma. También tengo eso cubierto y, como de costumbre, te lo explicaré de manera simple.

EL MARCO DE NARRACIÓN STELLER

"Una historia tiene un principio, una mitad y un final." Todavía escucho a la señora Carlson, mi maestra de tercero de primaria, diciendo eso frente al salón. Nos daba una de las primeras tareas de escritura que puedo recordar. Después escribí sobre una cebra y se supone que ese cuaderno todavía existe en algún lugar. ¿Quién habría adivinado que la lección de composición de tercero de primaria todavía estaría conmigo hoy? Y la señora Carlson no estaba equivocada. Principio, mitad y final son los tabiques de cualquier historia, y las historias para negocios no son diferentes. Pero *hay* una forma más descriptiva de abordar estos tres actos literarios. Después de todo ya no estamos en tercero de primaria. De ahora en adelante, intentemos pensar en ellos como *normalidad*, *explosión* y *nueva normalidad*.

La primera vez que escuché una historia descrita de esta forma fue en un retiro de narración con mi contador de historias favorito, Donald Davis. Cuando sentó estas bases (o algo muy similar) sentí que todas las historias que había vivido o contado tenían sentido. Puso palabras a lo que mi corazón de narradora siempre intuyó, pero nunca supo decir. Tal vez suene cursi, como una narración de amor desmesurada, pero es verdad. Ese simple marco influenció cada historia que conté antes o con la que trabajé desde entonces y espero que haga lo mismo contigo.

Veamos más de cerca cada una de estas tres piezas de la historia que conforman el marco de narración Steller.

Normalidad

Una mala historia tiene una única característica definitoria: no nos importa. Ni siquiera los colores llamativos, el más grande de los presupuestos o la ternura de los perritos pueden hacer que nos importe. Llama nuestra atención, pero no nos involucramos de manera emocional. No puede influenciar y transformar. Por suerte, la mayoría del tiempo la raíz de esta desconexión se rastrea hasta a un solo error: dejar de lado la primera parte de la historia. La normalidad.

Por esta razón vemos las noticias cada noche sin llorar con desesperación. Por lo general, las noticias empiezan a la mitad de la historia (el robo, el incendio, el accidente automovilístico). Aunque cada uno de estos ejemplos merece unas lágrimas, los noticieros no tienen tiempo de contarnos nada sobre las personas (los personajes identificables). No sabes quiénes son. No sabemos qué pensaban, esperaban o sentían antes de que la tragedia sucediera. No sabemos nada sobre ellos, por lo que no nos importa.

Para contar una buena historia, una que le importe a tu audiencia y a la que se entregue, tienes que comenzar de manera estratégica estableciendo la normalidad. La forma en que eran las cosas antes de que algo cambiara. La normalidad es cuando te das tiempo para incluir los componentes claves de una historia: introducir los personajes identificables y sus emociones. Aquí también incluyes algunos detalles que crean una sensación de familiaridad para la audiencia, atrayéndola. Baja la guardia. Se pone en los zapatos de los personajes.

Si se hace de manera correcta, a través del proceso de la normalidad, la audiencia se dice: "Reconozco a esa persona. Sí, entiendo de lo que se trata esto. Sí, puedo ver por qué se siente de esa forma". El chico que dejó sus lentes en el avión. Una pareja enamorándose. Un joven y futuro presidente con carisma que debía tener la increíble loción francesa. Hablaremos más sobre la normalidad en la siguiente sección del libro, pero por ahora debes saber que ésta es la parte más importante de una historia. Es donde incluyes los componentes. Donde le das a la audiencia una razón para que le importe. Es la parte que más gente excluye y por eso sus historias no son impactantes.

Explosión

Es cierto que la palabra *explosión* es un poco agresiva. Implica sangre, heridas o fuego. Pero ése no tiene que ser el caso en tu historia. La explosión, para nuestros propósitos, es sólo el suceso. Puede ser algo grande o pequeño, bueno o malo. Pero lo más importante es el momento donde las cosas cambian. Tal vez es un entendimiento o una decisión. Podría ser un evento real. Cualquiera que sea el caso, la explosión es el punto en la historia donde las cosas eran normales y de pronto son diferentes. Diferentes bien, diferentes mal, no importa.

Por ahora recuerda:

Normalidad: Las cosas son como son.
Explosión: Algo pasa.
Nueva normalidad: Las cosas son diferentes.

Nueva normalidad

La tercera y última fase es la nueva normalidad. Aquí compartes con tu audiencia cómo es la vida después de la explosión. Le dices qué conoces ahora, por qué eres más sabio, fuerte o cuánto mejoraste (o tratas de mejorar) como resultado. Podría ser una moraleja. Podría ser cuando un cliente vivió feliz por siempre, después de usar tu producto o servicio. Podría incluir una llamada a poner manos a la obra. Pero la nueva normalidad es la razón por la que la narración funciona como una estrategia para transmitir un punto o realzar un mensaje y no sólo para entretener. La nueva normalidad hace que valga la pena escuchar una historia en los negocios.

SÓLO EL COMIENZO

Entonces, lindos perritos y directores talentosos no garantizan una gran historia. A pesar de lo que algunos te digan, la misión de la empresa no es una historia. Una marca no es una historia. El argot publicitario no es una historia. Además, una historia no tiene que ser complicada. Introduce algunos personajes, haz una imagen usando un momento particular en el tiempo con detalles específicos y las emociones implicadas y estarás en camino a conseguir una historia exitosa.

La siguiente pregunta es, claro, ¿qué historias deberías usar? Hay un número infinito de ellas. ¿Por dónde empiezas?

Hay cuatro tipos clave de historia que se repiten una y otra vez en los negocios. Son las historias que ilustran no sólo lo que ofreces sino por qué y cómo. Sin importar cuál sea la brecha en tu negocio, una de estas cuatro historias será el puente que necesitas.

A veces la mejor forma de aprender a contar una buena historia es ver a otros haciéndolo. Cada una de las siguientes historias esenciales tiene sus personajes y su audiencia. Cada una tiene un propósito en tu negocio. No tienes que crearlas todas de jalón.

Pero cuando se trata del universo infinito de posibles relatos, entender estos cuatro tipos de historias para negocios te ayudará a decidir no sólo cuáles contar, sino también cuál es la mejor forma de hacerlo.

Eso abordaremos a continuación.

PARTE DOS

Las cuatro historias esenciales

Los relatos que todo negocio necesita contar

4

La historia del valor

Cómo la narración lleva a ventas y publicidad

La publicidad ya no es sobre
las cosas que haces, sino sobre las
historias que cuentas.

SETH GODIN, autor y empresario

El equipo de ventas de Workiva tenía una ventaja sobre la competencia. Un tipo de ventaja que significaba que en realidad no había competencia.

La solución que ofrecían a sus consumidores no tenía igual: era la mejor en precisión y simplicidad y permitía eficiencias que ahorraban horas o días en procesos que ataban de manos incluso a compañías de las mejores de Fortune 100. De manera esencial, Workiva salvó a compañías de la vergüenza por errores de alto nivel, les ahorró millones y ofreció soluciones que cambiaron vidas.

Así que pensarías que darle el sí a Workiva sería una decisión obvia.

Como: "Dah, claro".

Pero Workiva batalló tanto como el siguiente sujeto para construir un puente lo suficientemente fuerte para conseguir el sí de posibles clientes. No porque Workiva no pudiera entregar algo bueno. Claro que podía y su larga lista de conversos y la impecable satisfacción de los consumidores era la prueba. Pero incluso después de que el equipo de venta negociaba con quienes toman decisiones, incluso después de demostrar cada característica posible que cambiaría sus vidas, con mucha frecuencia todavía había un elefante en la habitación.

La reticencia hacia el cambio.

Resulta que la mayor competencia de Workiva no era otra compañía o producto, era el *statu quo*. Claro, su plataforma podía ser más efectiva y eficiente, pero no podían superar la naturaleza humana básica, la naturaleza que dice que es mejor malo por conocido que bueno por conocer.

Cargados con la sensación innegable de que la manera en que comunicaban su valor no era suficiente, estuvieron determinados a encontrar una mejor manera de hacerlo. ¿El plan de Workiva? Cambiar su enfoque de características y beneficios a historias.

En vez de usar más información para apoyar sus afirmaciones (daban más información de la que incluso la persona más inteligente podía manejar), contarían historias que cubrieran el dolor real de los problemas actuales. Narrarían historias que resaltaran las implicaciones en la vida real de la ineficiencia y la imprecisión. Tenían muchas, sólo no habían reflexionado en usarlas. Todo eso estaba a punto de cambiar.

Tuve el honor de trabajar con el excepcional equipo de Workiva para ayudarlo a darle vida a su verdadero valor a través de historias. Las que encontraron eran tan extraordinarias como el producto que vendían.

Diseñamos una para ilustrar el valor de una característica particular de su producto que garantizaba la consistencia de la información en documentos críticos, algo que, antes de Workiva, sólo era posible a través de interminables horas de revisión manual. Los contadores odiaban el proceso porque absorbía su vida y significaba de manera básica sacrificar todas sus pasiones no relacionadas con el trabajo y los compromisos. Las compañías lo odiaban porque no tenían otra opción más que pagar horas y horas y horas de revisiones que en realidad deberían tomar una fracción del tiempo y una fracción del costo.

De nuevo, la solución de Workiva parecía evidente. Pero la lógica no estaba consiguiendo el trabajo. Así que aprendieron a contar una historia. Era la de un cliente de relaciones con inversionistas que, no dispuesto a dejar que la mediana edad lo condenara a un tener un cuerpo bofo por toda la eternidad, decidió enfocarse en la actividad física. Y no cualquier actividad. Siendo un hombre impulsado por objetivos, puso sus ojos en un triatlón.

Ah, el triatlón. Mucho más que su primo, el maratón, que implica sólo correr, el triatlón es la prueba definitiva de *fitness*. Natación, ciclismo, atletismo. Los tres componentes requieren su preparación, equipo y planeación, esto significa que decidir hacer un triatlón de manera instantánea te apunta en un compromiso gigante. Y no sólo el compromiso físico, también el de tiempo. Es casi un segundo trabajo. Y aunque la paga no es buena, los beneficios (y los derechos de farolear) pueden ser increíbles.

El director de relación con inversionistas sabía esto y no tenía miedo. Compró un monstruo de bicicleta, un par de tenis profesionales para correr y una membresía en un gimnasio elegante con alberca olímpica. Era tan metódico con su entrenamiento como con su trabajo reportando información. Usaba una hoja de cálculo para mantener registro de su tiempo en la alberca, de los kilómetros que corría y que hacía en bicicleta. Tenía todo planeado. Iba al gimnasio a nadar antes del trabajo y corría o salía en bicicleta después de la oficina.

Llegó el cierre trimestral y este director era responsable de conseguir los estados financieros de un equipo e incorporarlos a su pila de diapositivas y reportes. Cada trimestre se reunía con otro equipo que debía informar. Se sentaban en una sala de juntas y actualizaban de manera meticulosa los números para asegurarse de que, sin ninguna duda, los datos que estaban usando eran precisos hasta la última acta.

Claro, dado que el día de todos ya estaba lleno con sus otras obligaciones, estas reuniones de precisión financiera se hacían fuera de horarios laborales, ya fuera antes (adiós tiempo para nadar) o después (adiós tiempo para correr). A pesar de sus esfuerzos en su hoja de cálculo perfecta, el hombre se vio forzado a dejar la bicicleta en el rack y el traje de baño en el carro. En vez de entrenar, se dirigía a una sala de juntas con luces fluorescentes para reunirse, otra vez, con el equipo de reportes financieros.

De manera triste, con tantas sesiones de entrenamiento perdidas y sin suficiente tiempo para reponerlas, el hombre tuvo que dejar el triatlón por el que estaba tan emocionado. Frustrado y con el corazón roto, se preguntó si algún día tendría suficiente tiempo para lograr su meta.

Todo cambió el día que la compañía de ese hombre empezó a usar la plataforma de Workiva. Ahora, sus reportes y diapositivas estaban conectados al equipo de informes, esto significaba que en el momento en que un número cambiara, sus reportes se actualizaban de manera automática. No más doble o triple revisión. No más reuniones antes o después del trabajo. Y lo más importante, no más estrés por la consistencia de datos, porque los números siempre estaban bien. Todo lo hacía él y con más precisión que si lo hubieran hecho ellos.

Como resultado, la compañía no sólo recibió mejores reportes, también incrementó la satisfacción de los empleados. Después de todo, ¿a quién le gusta perder tiempo en ineficiencias? El equipo de reportes no tenía que desperdiciar tiempo discutiendo números una y otra vez; y más importante, el director usaba sus valiosas horas (antes y después del trabajo) nadando, corriendo y andando en bicicleta para desaparecer su cuerpo bofo.

Dos trimestres después, el hombre completó su primer triatlón. Los colegas del equipo de reportes fueron a animarlo.

Armados con esta historia, lo que solía ser un punto en la presentación de demostración de Workiva ahora podía ser un momento emotivo en el viaje del valor. Lo que antes apenas se trataba ya fuera por el equipo de Workiva o por los posibles clientes, quienes, Dios no lo quiera, se desconectaban un poco como lo hace la gente en las reuniones, ahora se escuchaba en un momento atractivo, entretenido y (de manera significativa) relevante que demostraba de forma perfecta lo valiosa que era una solución como ésta, no sólo para los balances o para la administración de responsabilidades, también para la gente que hace funcionar una compañía.

LA HISTORIA DEL VALOR

Ésta es la primera brecha en los negocios: la brecha del valor.

La brecha entre el problema y el valor de la solución.

La brecha entre el producto y el valor para el consumidor.

El hueco más importante que cualquier negocio tiene que cerrar es la brecha entre lo que ofrecen y la gente que, lo sepa o no, lo necesita. Atrapar la atención de compradores, para convencerlos de que ésta es la solución y con el tiempo transformarlos en usuarios, clientes, compradores, creyentes constantes. Cuando se trata de ventas y publicidad, la *historia del valor* es la reina. Y el valor de ésta comienza con la psicología y abarca todo el espectro de por qué decimos sí.

LA TENTACIÓN DE INFORMACIÓN

El reto que enfrentaba Workiva, el reto que todos enfrentamos, fue resistir la tentación de tratar de cerrar las brechas con cosas como características, funciones, capacidades o tecnologías avanzadas. Nadie es inmune a la tentación de complicar el trayecto a través de la brecha del valor. Ni siquiera la tienda local de helados.

Hace poco, durante unas vacaciones con mi familia, como todas las vacaciones en la playa lo requieren, paramos a una heladería después de cenar. Habíamos ido muchas veces y siempre había filas que se salían del local hacia la calle. Pero lo que era un caos normal y alegre de vacaciones tenía una sutil diferencia esta vez. La gente parecía agitada, impaciente y de manera notable había más padres hablando en un tono brusco a sus hijos. Cuando por fin llegamos al mostrador entendí por qué.

En vez de coloridas filas de dulces congelados con rodajas de las frutas correspondientes o dulces de chocolate para indicar el sabor que de manera típica esperarías en la exhibición de una heladería, había dos filas de tapas metálicas sobre lo que uno sólo podría esperar que fueran cubetas de helado. Había desaparecido el lujo de escoger el café, rosa o verde pálido con pedazos de pistache sobre él, en vez de eso, ahora tienes que leer los sabores en una lista pegada a la pared de atrás.

Escanea una variedad de bonitos colores y frutas y escoge el sabor que se vea más delicioso: fácil.

Lee los sabores en una lista, compara cada opción en la mente, de manera lógica evalúa cuál podría saber mejor: difícil.

Añade el reto de tener que leer a los niños cada sabor y después repetirlo porque ¿qué niño puede procesar 15 sabores diferentes de una lista? La batalla era real. En sólo cinco minutos en la tienda escuché tres pares de padres agitados amenazando a sus hijos con no comprarles nada si no se decidían. (Yo pude o no ser una de ellos.)

Aunque más información parece ser la forma de hacer una decisión obvia más obvia, la realidad es que esta estrategia con frecuencia confunde lo que podría ser un fácil sí. Y aunque es común que la audiencia espere que des más información, detalles o explicaciones lógicas, si tu meta es convencerlos de valorar lo que ofreces, los hechos pueden hacer más daño que beneficio. ¿Por qué? Porque hacen que nuestro cerebro trabaje más de lo necesario, es más, de lo deseado.

UN CEREBRO, DOS SISTEMAS

En *Pensar rápido, pensar despacio*, un bestseller de *The New York Times*, el ganador del Premio Nobel de Economía 2012, Daniel Kahneman, analiza con gran detalle lo que llama los dos sistemas del cerebro: sistema 1 y sistema 2.

El sistema 1 "opera de manera automática y rápida con poco o ningún esfuerzo y sin sensación de control voluntario".[29] El sistema 1 es responsable de respuestas automáticas a preguntas como "¿Cuánto es 2 + 2?" Este primer sistema es la razón por la que sabemos voltear al cielo cuando escuchamos un trueno o un avión y no al piso. Basado en señales de toda la vida, el sistema 1 nos permite recibir información, asimilarla y hacer juicios sobre ella de manera simultánea y sin esfuerzo. ¿A veces nos equivocamos? Claro. Por ejemplo, ¿cuántos animales de cada especie subió Moisés al arca? El sistema 1 dice dos. Claro, eso es incorrecto. Moisés era más de quemar arbustos, Noé era el del arca.

Ahí es donde entra el sistema 2. "Éste destina la atención a las actividades mentales de esfuerzo que la demandan, incluyendo cálculos complejos. Las operaciones del sistema 2 con frecuencia se asocian con las experiencias subjetivas de acción, decisión y concentración."[30] ¡Uf! Si estás tan cansado como yo leyendo eso, significa que tu sistema 2 estaba funcionando. Este sistema requiere concentración y esfuerzo. Procesa nueva información. Se involucra cuando el sistema 1 determina que el problema es muy complicado.

Poniéndolo de manera simple, el sistema 1 se caracteriza por la *facilidad cognitiva*, mientras que el sistema 2 implica *tensión cognitiva*.

Lee el resumen de nuevo. Facilidad cognitiva contra tensión cognitiva.

Si, como en el caso de Workiva, el valor de lo que tienes para ofrecer es obvio de manera relativa, si tú crees (que estoy segura de que lo haces) que tu producto o servicio hará una diferencia positiva en la vida de tus consumidores y la decisión debería ser fácil, ¡¿entonces por qué querrías involucrar al sistema 2 y causar tensión cognitiva?!

Un acercamiento del sistema 2 arruina lo que de otra forma sería una buena experiencia, como aprendí ese funesto día en la heladería. El único punto a favor de la cruel apropiación del sistema 2 ese día fue que yo acababa de terminar de leer la sección

La historia del valor

de la facilidad cognitiva del libro de Kahneman y de inmediato supe qué estaba pasando. Experimenté de primera mano lo importante que es que las marcas, compañías y gente de negocios en general mantengan a sus consumidores en el espacio del sistema 1. Cuando se trata de crear mensajes persuasivos, Kahneman dice: "El principio general es que cualquier cosa que hagas para reducir la tensión cognitiva ayudará".[31] Aunque tu mensaje sea verdad, si no es lo suficientemente fácil para tu audiencia creerlo y aceptarlo como verdad con el sistema 1, llamará al sistema 2. Y cuando se involucra el sistema 2, es probable que la tensión cognitiva, seguida por frustración y agitación, aumente mucho.

Las listas son carnada para el sistema 2.

Las viñetas son carnada para el sistema 2.

Las comparaciones de precios son carnada para el sistema 2.

Las características son carnada para el sistema 2.

Los beneficios son carnada para el sistema 2.

Claro, en el caso de la heladería, no era cuestión del valor en la historia contra no valor en la historia. Pero ya sea que estés en el negocio de los dulces, carros usados, bienes raíces de lujo o ventas médicas, cuando se trata de comunicar el valor de lo que ofreces, tienes una opción. Lógica o sentido común. Tensión o facilidad. Información o historia.

La historia del valor da al sistema 1 la habilidad de hacer lo que hace mejor: ir con la corriente, aceptar la historia como se cuenta y no molestar al sistema 2, que tiende a cansar a la gente y ponerla de mal humor. Las historias son el lenguaje del amor del sistema 1 y la historia del valor es el puente perfecto para llevar a tus consumidores e inversionistas de los hechos a sentimientos. No sólo eso, la investigadora de marketing Jennifer Edson Escala de la Universidad Vanderbilt encontró que las audiencias responden de manera más positiva y aceptan ideas con más facilidad cuando tienen forma de historia.[32] Más allá de sólo ser cautivadoras, preparan al cerebro para ser más abierto a lo que ofreces.

Por ejemplo, ¿alguna vez has estado en un vuelo que termina con el ofrecimiento de una tarjeta de crédito? Tomo muchos vuelos y sin falla, unos 40 minutos antes de aterrizar, los sobrecargos hacen un anuncio especial "sólo para el vuelo". Sorpresa, es su tarjeta de crédito exclusiva que ofrecen en cada viaje. El sobrecargo enlista las tasas de interés y anualidades y los privilegios de equipaje y cuántas millas obtienes (por lo general 60 mil, que es suficiente para bla, bla, bla). En un vuelo reciente de Dallas a Orlando vi alrededor de la cabina mientras anunciaban la tarjeta y nadie ni siquiera alzó la mirada, mucho menos escuchó.

Cuando el sobrecargo termina el anuncio, con frecuencia me siento tentada a pararme y pedir el micrófono. Me he apuntado a una de esas tarjetas antes y lo que recibí a cambio fue más que equipaje extra.

Les contaría a mis compañeros de vuelo la historia del viaje a Europa que pude hacer con mi esposo y cómo las millas de la tarjeta me permitieron mejorar nuestro viaje de clase turista a *business* como sorpresa. Nunca olvidaré el momento en el que subimos al avión y el asistente de vuelo le mostró su asiento a Michael, un sillón totalmente reclinable. Michael volteó a verme con incredulidad y emoción. Nunca antes habíamos viajado con tanto lujo y la dicha que sentí de darle esa sorpresa no tiene precio. Esa tarjeta y sus millas extra nos dieron un recuerdo que mantendré y que hicieron unas vacaciones inolvidables todavía mejores.

No dejo de preguntarme si más gente estaría abierta a lo que ofrece la aerolínea, más dispuesta a dar el sí y se inscribirían si escucharan esa historia o *cualquier* historia, para el caso. Mi conjetura educada dice que sí. Si fuera una historia, la gente alzaría la vista. Si tuviera personajes, emociones y detalles, la gente se visualizaría y a sus seres queridos en la situación. Si hubiera un momento específico, como entrar al avión, la gente se involucraría en el proceso cocreativo. Y si todos esos componentes estuvieran arreglados en un formato de normalidad-explosión-nueva normalidad, cuando la historia terminara, todos los pasajeros llamarían a los sobrecargos, incapaces de resistir lo que venden.

"ES MUCHO MÁS QUE ESO..."

Cuando una venta no se cierra o un mensaje publicitario no convierte, hay una sensación de que el verdadero valor del producto falló. Eso vale mucho más que lo que expresó el mensaje. El valor de un programa para perder peso es mucho más que la comida que se supone que debes comprar o el entrenador que se supone que debes contratar. El valor de un programa para perder peso se mide con confianza renovada, en reavivar la pasión agotada, en energía para hacer lo que amas.

El valor de un aparato telemédico avanzado es mucho más que el costo del equipo. Su valor se mide en dicha, alivio y evitar el dolor de una familia cuyo hijo tuvo una emergencia médica en una parte remota del mundo y sobrevivió por los médicos que pudieron estar de manera virtual en el lugar.

El valor de una solución tecnológica basada en una nube es mucho más que la cuota mensual. El valor no está limitado a las horas que la tecnología ahorra. El valor de un sistema así, como lo que ofrece Workiva, también se mide en lo que hace la gente con las horas que ahorró: competir en triatlones, asistir al juego de los niños, cumplir sueños.

Si representas o has creado un producto, servicio o compañía y tienes una pasión por esparcir la palabra sobre este producto superior en el mundo, es probable que hayas dicho, o al menos pensado, estas palabras: "Sí, éste es un [inserta el nombre del producto/servicio aquí] y hace X y Z, pero es mucho más que eso". Cuando por lo general lo que sigue son más palabras, información e intentos de justificar, lo que esta situación requiere es una historia para ilustrar el valor y la utilidad.

Tal vez una de las mayores ejecuciones de este ejercicio de "mucho más" fue de Apple durante las fiestas de 2014 con su comercial llamado "Malinterpretado".

El comercial inicia con música navideña de fondo mientras una familia está apretujada dentro de un carro en un triste día de invierno. Llegan a una calle llena de nieve y se abren camino hasta la casa de los abuelos. Los dulces sonidos de la reunión los reciben. Es la familia prototípica en tiempos navideños, incluido el adolescente angustiado. Al joven de suave cabello parecen no importarle las actividades familiares. Está en su iPhone en cada evento y actividad. ¿Abrazo del abuelo? iPhone. ¿Ángeles de nieve? iPhone. ¿Hornear galletas? iPhone. El adolescente parece despreocupado de todo fuera de su teléfono.

Hasta la mañana de Navidad.

La familia se encuentra en una cómoda sala, empiyamados y abriendo regalos con felicidad. El árbol de Navidad está encendido y la habitación llena de risas. El adolescente angustiado y de cabello suave se levanta de manera abrupta y prende la televisión. La habitación se queda en silencio y confusión. El adolescente dirige su iPhone hacia el televisor y de repente la pantalla se llena con imágenes de los días anteriores. En vez de estar metido en algún juego o en redes sociales en su teléfono, el adolescente estuvo documentando todos los recuerdos de su hermosa familia como regalo. Escenas de amor y felicidad brillan en la pantalla. Cada bola de nieve arrojada, cada sonrisa, cada detalle fue capturado y preservado para que la familia los pueda disfrutar en los siguientes años. Su familia agradecida está llena de sonrisas y lágrimas de felicidad. Cuando el video concluye, jalan al adolescente para el tan esperado abrazo.

Un abrazo que siempre me hace llorar.

Un abrazo que significa mucho más que una lista de características.

Apple tenía una decisión que hacer, justo como todos nosotros. La decisión de sólo enfocarse en las características del teléfono. ¿Imaginas cómo habría sido *ese* comercial? Una agradable voz masculina que te guía a través del intuitivo proceso, "todo en la palma de tu mano", de las posibilidades de edición de video que ofrece iPhone. Las capacidades profesionales de edición. La exquisita calidad de video gracias a su tecnología superior de la cámara. El almacenamiento excesivo, que hace posible guardar estos videos en primer lugar. En la pantalla, veríamos el teléfono girando sobre un fondo blanco con varios saltos de tomas para mostrar las herramientas en acción. Sería bueno, sin duda, pero dudo que hubiera tenido una fracción del impacto.

En vez de eso, dado que Apple decidió contar una historia, obtenemos la oportunidad de ver lo que el producto podría significar en nuestra vida. Que podría unirnos. Que podría crear momentos que estimamos.

Claro, no todos amaron este comercial. Y cuando Apple ganó el Emmy en 2014 por mejor comercial, la gente se quejó con rapidez de todas las fallas que tuvo la marca: falta de atención a las características del producto, cualquier Smartphone puede hacer videos y otros comentarios que exhibieron lo que está mal con la publicidad hoy en día.

Ken Segall, el entonces director creativo de la agencia de publicidad de Steve Job, dijo de manera elocuente: "Hay 10 millones de personas que se detendrían delante de este comercial y soltarían una lágrima. Como resultado, se sentirán un poco más apegadas a Apple, que es el propósito publicitario de este comercial".[33]

Por favor nota estas piezas clave de su declaración: "Detendrían", "soltarían una lágrima" y "se sentirán un poco más apegadas a Apple". Cuando este comercial salió al aire, Apple estaba enfrentando un contragolpe (el desastre con el álbum de U2). El puente que debía construir tenía que ser fuerte en elementos fascinantes y transformadores para que funcionara. Presionar mucho en influenciar podría ocasionar más problemas. Envolver las características en una historia sincera sobre un adolescente y su familia dio en el blanco del acorde del valor.

Segall concluyó: "Las reacciones han sido brillantes en general […] [el comercial] se alinea de manera perfecta con los valores que Apple ha comunicado por años. No es sobre la tecnología, es sobre calidad de vida".[34]

Las personas no compran la *cosa*. Compran lo que creen que *hará* por ellas.

Para que puedan hacer eso, tienes que contarles una historia. Esa historia es una historia del valor.

CÓMO HACER EL CAMBIO A UNA HISTORIA DEL VALOR

Por más que me guste el comercial "Malinterpretado", sigue siendo de Apple.

No sé tú, pero como lectora frecuente de libros de negocios y revistas digitales, los ejemplos incesantes de Apple me parecen un poco nauseabundos. Sí, Apple, una de las compañías más grandes del mundo, entendiste bien. ¿Y qué pasa si no eres Apple? ¿Y si no tienes recursos ilimitados y la agencia de publicidad más brillante haciendo todo lo posible para crear un mensaje de valor para ti? ¿Cómo lo haces? ¿Cómo cambias de concentrarte en características a contar la historia de los problemas que esas características resuelven?

Pregunta justa, una que Chelsea Scholz tiene que contestar, porque no tuvo otra opción.

En 2016 Chelsea enfrentó un dilema doble en su rol como estratega de campaña en Unbounce, una operación basada en la web que ofrece un conjunto de herramientas para ayudar a especialistas en marketing digital a incrementar las conversiones de campañas y páginas de internet. En español, Unbounce te ayuda a hacer un mejor trabajo consiguiendo que la gente actúe cuando visitan tu página de internet, como suscribirse con su correo electrónico, hacer una compra o probar un producto. Cuando una persona actúa, se transforma de comprador por internet a alguien comprometido con tu negocio en forma real y tangible.

La conversión es algo importante. A diferencia de un comercial del Supertazón, donde es difícil de rastrear, la conversión en una página de internet es medible de manera satisfactoria y estupenda. Por más controversial que pueda parecer, la mayoría de las personas que visitan una página arrastran un montón de información con ellas, en concreto, una pila de datos desde usos demográficos y tecnológicos hasta sus hábitos de compras y preferencias de reservaciones.

La información es oxígeno para los publicistas de internet. Cada visitante es monitoreado; cada acción, registrada; cada venta, rastreada a su fuente. Tal vez no haya publicidad más cuantificable que el marketing en línea.

Pero esa fortaleza puede transformarse en un talón de Aquiles. Con el tiempo, ha llevado a muchos negocios en línea a obsesionarse con la información y a olvidar que hay humanos reales detrás de ella. Ése fue el primero de los dos dilemas de Chelsea. Ella dijo: "En Unbounce nos basamos en gran medida en la información en los últimos 18 meses. Todo lo que producimos se basó en los KPI (indicador clave de rendimiento, por sus siglas en inglés) y en objetivos, se sentía como si estuviéramos vagando en un campo en el que hablábamos de la gente en vez de hablarle a ella".

Este dilema no era sólo de Unbounce. Es uno que ha permeado todo el mundo de la publicidad, un dilema con el que tropecé sin darme cuenta en septiembre de 2015, la primera vez que hablé en una conferencia de marketing digital.

Cerca de 350 de las mentes más brillantes de publicidad en línea, contenido publicitario y optimizadores de motores de búsqueda se reunieron en un congreso de dos días repletos de ideas clave altamente técnicas sobre, digo, ni siquiera puedo decirte, era *así* de técnico. Recuerdo presentadores hablando sobre imagen pública y refocalización y… me perdí después de eso. De hecho, estaba tan perdida que regresé a mi habitación y consideré decirles a los organizadores que tenía una emergencia familiar y no podría presentarme. El deseo de huir se volvió más intenso cuando, en el cierre "del primer día", el evento llamó a todos los presentadores a tomar el escenario y dar un pequeño consejo digital. Nos paramos en línea en el escenario y cuando fue mi turno mascullé algo sobre personas e historias. La sala quedó en silencio y 350 pares de ojos me observaron y luego entre ellos. Todos parecían preguntarse ¿de qué está hablando?

Me encantaría decir que la incomodidad fue imaginaria y para ser honesta eso esperaba, pero ¡qué pena! Fue real y confirmada por varios asistentes bien intencionados en la hora social, al final del primer día. "Oh... estoy seguro de que estarás bien", me consolaron.

La mañana siguiente decidí afrontar mis miedos y hablar. Además, supuse que, juzgando cuánto habían bebido todos la noche anterior, no era probable que se presentaran para el discurso de apertura, que, claro, me tocaba a mí.

Estaba equivocada.

Cuando rondaban las 9:00 a.m. la sala estaba llena. Después de todo, habían pagado una suma considerable para asistir. O tal vez, como cuando pasas al lado de un choque en la autopista, querían ver cómo sería mi inevitable ruina. Como sea, tenía trabajo que hacer. Así que les conté a los publicistas digitales una historia y después les enseñé sobre el arte de la narración. Para mi sorpresa (y la de todos los demás), de acuerdo con tuits como "¿quién habría pensado que la narradora sería la mejor charla del evento?" (gracias, chico), fue una sesión a la que valió la pena asistir.

Claro, me gustaría tomar el crédito, creer que fue mi habilidad de oratoria lo que dio en el blanco, pero sé que algo más grande estaba en juego. Estas personas brillantes eran muy buenas en lo que hacían. Pero conforme la información aumenta y la métrica se hace más medible, es fácil perderse en la analítica de todo y, en el proceso, olvidar que, del otro lado de esos números, hay una persona.

Una persona con un problema.

Una persona que necesita que resuelvas ese problema.

Una persona que necesita una historia para cautivarla, asegurarle que tu solución es la correcta y convertirla en creyente.

Para mí, ese evento de septiembre de 2015 fue el primero de muchas presentaciones de publicidad digital. Y debido a que, sí, hay un lugar para las métricas, me encantó que me evaluaran como uno de los mejores oradores del evento. Muchas conferencias de marketing digital después y sin saberlo en su momento, Chelsea de Unbounce y yo cruzamos caminos.

Las preocupaciones de Chelsea sobre la publicidad de Unbounce se estaban propagando. Ése era el dilema número uno. Y como el destino tiene sentido del humor, a Chelsea se le encargó crear un video explicando a los consumidores por qué debería emocionarles un producto nuevo llamado Unbounce Convertables.

Convertables era una herramienta dentro del constructor de páginas de destino de Unbounce que permitía a los publicistas digitales hacer mucho del trabajo de crear y probar herramientas de conversión, como *pop-us* y barras de navegación fijas, sin tener que pedirle a un programador que hiciera el trabajo. Casi sin conocimientos técnicos, en segundos podías modificar tus herramientas de conversión en línea con tanta frecuencia como quisieras y medir los resultados. No necesitabas *geeks*. Para cualquiera que estuviera tratando de crecer su negocio en el siglo xxi, lo que ofrecían era magia pura.

Sí, Convertables era una herramienta poderosa con muchos beneficios. Pero había una trampa: Unbounce no quería hablar todavía sobre lo que *era* el producto. Hasta que no fuera lanzado, los detalles exactos de Convertables permanecerían ocultos. Ése era el dilema número dos.

¿Cómo podría Chelsea hacer llegar el punto, sin poder hablar de, bueno, el punto? ¿Cómo presentar un producto sin hablar de él?

Pero con lo que Chelsea se tropezó sin darse cuenta, era un problema y una solución, una que nadie podría usar.

Si no hablas sobre tu producto ni lo muestras a nadie, ¿qué dices a los consumidores?

En el momento en que empiezas a pensar de esa forma, todo cambia.

OLVIDA EL PRODUCTO, ¿CUÁL ES EL PROBLEMA?

Ignorar lo que ofrece tu negocio parece herejía para los novatos. Pero hacerlo consigue una cosa crítica: te obliga a enfocarte en el consumidor. Si no hablas sobre tu producto ¿qué queda? Respuesta: la gente que lo usa.

La gente que podría usar tu producto son tus consumidores y prospectos. Y son humanos, no datos. Y eso significa que responden a las historias.

Chelsea descubrió esto cuando comenzó a batallar con el dilema. Como no podía hablar del producto, no quedaba nada de qué hablar salvo de las personas. Y al concentrarse lo suficiente en sus consumidores, algo surgió: claridad sobre el problema. Después de muchas vueltas y poco progreso, Chelsea por fin consiguió un logro.

Dijo: "Me hizo clic. Hablar sobre el dolor que quizá tenían en su publicidad. Contar una historia de eso. Me di cuenta de que necesitábamos una historia con la que la gente se identificara. De otro modo, sólo hablábamos al aire y con cyborgs".

Chelsea estaba arrinconada y sólo una historia del valor podía sacarla. Cambió el foco a los consumidores en una época en que la mayor tentación era hacer lo opuesto. Y aunque no facilitó su trabajo (narración, donde la mejor decisión rara vez es fácil), estar contra la pared no le dio otra opción que abordar el mensaje de manera diferente y contar una historia.

LA HISTORIA DEL VALOR DE UNBOUNCE

El video "Eres un publicista" de Unbounce es simple, efectivo y, lo mejor de todo, funcionó.

La historia comienza con un acercamiento en blanco y negro de dos ojos inexpresivos. Conforme el narrador habla, retrocedemos para descubrir que pertenecen al típico consumidor de Unbounce: un profesional de la publicidad frente a su laptop. Permanece inexpresivo y mientras la cámara se aleja despacio, sus problemas se van revelando: poco presupuesto, sin experiencia técnica y, más que nada, no poder tomar control del proceso de publicidad.

En palabras de nuestro marco de narración Steller, ésa es la normalidad para este pobre chico, es donde aprendemos sobre el sufrimiento.

La explosión llega cuando por fin parpadea y escuchamos que Unbounce tiene una nueva herramienta de conversión en camino. Cuando el publicista abre los ojos, está en la nueva normalidad: el mundo está a color, no en blanco y negro. Mientras nos alejamos de nuevo, es un hombre diferente, sonriendo y bebiendo una taza de café.

Fue sencillo, económico y funcionó. Chelsea dijo: "Centramos los visuales del video alrededor de esa persona (alias, un personaje identificable). Fue limpio, fácil y no sólo esparció el mensaje y el despliegue publicitario que buscábamos, también resultó en *lead generation* y nuevos consumidores. Y como digo, ¡todavía ni decíamos lo que estábamos lanzando!"

La historia de Unbounce nunca muestra el producto. De hecho, fuera de mencionar que un producto estaba en camino, el comercial apenas habla de él.

Todo el anuncio se centra en la persona que importa (el publicista), el problema que enfrenta (averiguar qué hacer cuando la corriente de publicidad se agota) y el felices por siempre cuando el problema se resuelve.

Para Unbounce, los resultados de la historia fueron mejores de lo que esperaban. El video consiguió cerca de mil 200 suscriptores interesados, más de 10 veces la meta de Chelsea. Y, como Unbounce atestigua, las direcciones de correo electrónico de gente interesada en tu producto es oro. Se convierten, que es la palabra en publicidad digital para decir *comprar*.

PERO YO AMO MIS ESTADÍSTICAS

Hagamos una pausa por un momento, porque creo que es muy importante para ti entender lo mucho que yo, una amante de las historias, vivo para los datos. En serio. Si tuviera que escribir mi perfil de citas, incluiría lo siguiente: "No me importa si amas los fracasos, pero debes apreciar el recuento de diversas actividades para apoyar el logro de metas específicas". Monitoreo lo que como, el número de horas de calidad que paso con mi familia cada semana y cuántas palabras escribo al día. Registro mi peso, qué tan seguido medito y una variedad de otros números que son muy personales para compartir aquí.

Así que, antes de que pienses que profundizamos mucho en la alberca de la calidad para ser relevantes de manera cuantitativa, déjame asegurarte: la historia necesita tus datos, el caso necesita la prueba. El sistema 1 necesita el sistema 2 (o el pobre Moisés estará atrapado construyendo un arca). Es el enfoque de la información lo que tiene que ajustarse.

¿Recuerdas a Mary Poppins? ¿La niñera que ninguna otra pudo igualar? Cuando los niños se negaban a tomar su medicina, ella revolvía el menjurje con una cucharada de azúcar. Así como los dueños de perros esconden la medicina en la comida o como mi mamá aplastaba las tabletas de Tylenol y las mezclaba con salsa de manzana (un alimento que todavía veo con un poco de desconfianza), tú debes envolver tu información/lógica/puntos/datos en una historia.

En realidad, la fórmula es muy simple. Comienza con una historia. Atráelos, fascínalos, consigue la aceptación del sistema 1 para que ellos ya hayan dicho que sí. Después inserta la información. Da los hechos, recurre a la lógica, da tantos datos como te haga sentir cómodo. Pero después regresa a la historia. Envuelve todo con la nueva normalidad. Como una cucharada de azúcar, siempre y cuando el mensaje inicie y termine con una historia, se puede digerir bien y fácil.

Lo siguiente es una guía detallada para usar el marco de narración Steller y los componentes para crear una historia del valor perfecta.

ANÁLISIS DEL MARCO DE NARRACIÓN

Si alguna vez se construyó el marco de narración para un tipo de historia específico, es para la historia del valor.

Piénsalo. Un consumidor o prospecto tiene un dolor o un problema. Está lidiando con él, batallando con él, tratando de encontrar una forma mejor. Normalidad. Entonces tú o tu compañía aparecen. El consumidor se involucra con tu producto, solución o servicio. Explosión. Ahora, la vida es mejor. El dolor se alivió, el problema se resolvió y el consumidor está mucho mejor que antes. Nueva normalidad.

En otras palabras:

1. Normalidad
   - ¿Cuál es el problema de tus consumidores?
   - ¿Qué dolor experimentan?
   - ¿Cómo se sienten?
   - ¿Cómo impacta su vida? ¿Su negocio?
   - ¿Qué los mantiene despiertos en la noche?
2. Explosión
   - ¿Cómo resuelve el dolor o problema tu producto/servicio?
   - ¿Cómo facilita su vida tu producto/servicio?
   - ¿Cómo es para el consumidor la experiencia de usar tu producto/servicio?
   - ¿En qué se diferencia el uso de tu producto/servicio?
3. Nueva normalidad
   - ¿Cómo es diferente la vida después?
   - ¿Qué mejoró?
   - ¿Cómo se siente el consumidor?
   - ¿Qué puntos de dolor desaparecieron?

Con el marco básico como tu guía, lo que hace que una historia del valor en verdad dé en el blanco, toque un punto sensible, o [insertar clichés adicionales aquí] es la inclusión y ejecución de los cuatro componentes de una historia.

LA HISTORIA DEL VALOR: ANÁLISIS DE LOS COMPONENTES

Como aprendimos en el capítulo 3, varios componentes esenciales hacen una historia (no sólo grandiosa, sino una historia en primer lugar). No te estreses. Incorporarlos es súper sencillo y en muchos casos obvio. Pero para asegurarme de que nunca tengas que cuestionar tus historias del valor, detallaré para ti los matices de cada componente.

Personajes identificables

Aquí es donde la mayoría de las historias potenciales del valor se descarrila. Con los personajes identificables. Y lo entiendo. Es fácil confundirse. Pensar que si estás tratando de hacer que la gente entienda el valor de un producto, el producto debería ser la estrella de la historia. ¡El producto puede hacer eso! ¡Y eso! Y, oh, ¡¿viste cómo este producto es mejor que ése porque con éste, esto y… espera… esto?!

Es muy importante recordar que cuando se trata de una gran narración (y como lo indican las investigaciones), es esencial tener un personaje real con quien la audiencia se conecte e identifique.

Tener un personaje identificable es un punto crítico de distinción entre una historia fuerte y una débil. Los mayores errores de la publicidad ocurren al poner lo que ofreces en el centro de todo en vez de la persona *a la* que se lo ofreces. Es enfocarse en el *software*, la hamburguesa, el maquillaje, el auto, el aparato en vez de la persona que usará el *software*, comerá la hamburguesa, usará el maquillaje, manejará el auto, o se beneficiará del aparato. A menos que trabajes en Pixar, los autos no son personajes. Las personas son personajes. Los productos no consiguen a la chica, superan las probabilidades o matan al dragón. La gente hace esas cosas. El caballero en la armadura brillante es el personaje, la espada es el producto, el dragón es el problema. Seguro, el caballero usa la espada. Pero el caballero mata al dragón, no la espada. La espada sólo es una herramienta para resolver el problema. Quita al caballero y no tendrás historia. Sólo tienes un pedazo de metal atorado en una piedra.

Cuando escribas tu historia del valor, asegúrate de incluir un personaje: una persona o, en el caso de Budweiser, un animal amoroso. Incluye algunos detalles sobre el personaje. Puede ser algo tan simple como la edad, un rasgo de su personalidad, una característica física, una profesión o algo específico que visten. Uno o dos detalles pequeños ayudan a construir la imagen del personaje en la mente de la audiencia y mientras más claridad tenga al imaginarlo, más se conectará con el contenido.

En el anuncio de Apple, fue fácil entender a un adolescente distraído.

En la historia de Workiva, la gente se ve reflejada en un hombre saturado de trabajo con esperanzas más allá de una sala con luces fluorescentes.

Lo diré de nuevo: para que una historia del valor funcione, debe incluir un personaje. No sólo tu producto. No tu fábrica, oficina, tecnología, código o aparato. No tu logo, marca, lanzamiento o plan. Una historia del valor no es nada sin un personaje del cual preocuparse.

¿Y en cuanto al producto? La parte hermosa de una historia del valor, como para Chelsea y Unbounce, es que ni siquiera necesitas hablar de tu producto. No necesitamos verlo o entenderlo en su totalidad. Todo lo que necesitamos entender es que el producto cambió el curso de la vida del personaje identificable y, de manera subsecuente, cómo podría cambiar la nuestra.

Emoción auténtica

Escuché a un gurú de ventas decir que para conectar de verdad con las necesidades de tus consumidores potenciales tenías que ir a la cama con ellos.

Sí. Yo también pensé que era extraño. Que, viéndolo en retrospectiva, creo que eso quería, sonar un poco controversial. Dicho eso, el punto que explicó fue que para averiguar lo que en verdad les importa a tus consumidores, imagínalos al final del día. La cena con su familia o tal vez no alcanzan a ver a sus familias porque trabajan hasta muy tarde. Quizá pagan algunas cuentas, envían correos, ven algún programa nocturno y luego, en esos pocos minutos en los que las luces están apagadas y ellos están a punto de dormirse…

¿Qué los mantiene despiertos?

¿Qué problemas ven en el techo y tratan de resolver sin lograrlo? ¿Qué asunto les preocupa, inquieta o estresa? Una vez que sabes eso, el siguiente paso es: ¿cómo *arreglas* ese sentimiento?

Y aunque prefiero mi cama mucho más que la de alguien más, aquí comienzan las emociones de la historia del valor. Puede ser tentador compartir *tus* sentimientos sobre el producto o la oportunidad, pero las únicas emociones que importan en la historia del valor son las de tus posibles consumidores y, por lo tanto, la de los personajes identificables.

Aquí es donde tus datos, la imagen pública y todo lo que sabes sobre la gente que has identificado como tus consumidores clave convierten el valor de su peso en oro. Toma tu análisis meticuloso y conocimientos y *haz* algo con ellos. Dirígete a una cosa, la única cosa que a tus consumidores les importa más, la cosa que los mantiene despiertos en la noche y cuenta una historia que incluya y abarque esa emoción.

Además, no subestimes el poder de hablar en realidad con tus consumidores y prospectos. Más allá de encuestas en línea y datos de sondeos, conversaciones reales revelarán matices emocionales que de otra forma podrías no ver. No sólo obtendrás un entendimiento más íntimo, estas conversaciones te darán el conocimiento de qué incluir para los últimos dos componentes.

Un momento

Una de las muchas fortalezas de contar una historia del valor es que demuestra y (con frecuencia, cuando se hace de manera correcta) simula el problema que tú y tu producto resuelven al ponerlo en un contexto específico. Aunque incluir un personaje y una emoción ayudará a llevar a la audiencia a la escena, las mejores historias del valor incluyen un momento específico en el tiempo que la audiencia puede ver de manera viva y específica.

El componente del momento se puede incluir en una variedad de formas y depender del medio a través del cual compartes el mensaje. En el ejemplo de Builder.co que usamos en nuestra investigación, especificamos un día y hora para dar a la audiencia un sentido de cuando ocurrió esto con exactitud. Esto es muy útil cuando el mensaje es de una dimensión (los participantes leyeron el mensaje en vez de escucharlo o verlo). En el comercial de Apple, el momento fue cuando el chico encendió el televisor, hubo un cambio y un silencio notable en ese momento, significando que algo cambió.

La última cosa a recordar sobre el momento en historias del valor es que con frecuencia se conecta con la explosión. Las cosas han transcurrido con normalidad y de repente, en este momento, las cosas cambian. Es el momento en el que se encuentra la solución, el momento en el que se descubre el valor real del producto o servicio.

Detalles específicos

Fui oradora en un congreso para una gran compañía de tecnología que cotiza en la bolsa. Jack Henry and Associates provee productos tecnológicos y servicios a bancos y uniones de crédito que hacen posible todo lo que conocemos sobre nuestra relación con las instituciones financieras. ¿Ves tu estado de cuenta en línea? Jack Henry. ¿Haces depósitos a través de un aparato móvil? Jack Henry. En julio de 2018 estaban festejando su mejor año y, como alguien que trabaja con tantas compañías, es fácil ver por qué. Están conectados a pesar de estar dispersos. Están emocionados mientras están enfocados. Y en el centro de todo, saben que lo que en verdad importa es conocer al consumidor. Esto no sólo importa cuando se hace la venta, importa para hacer la venta en primer lugar.

En el evento, Steve Tomson, el director general de ventas y marketing, le dijo a su equipo, cerca de 500 personas, que el éxito depende de lo bien que conozcas a tu consumidor antes de que entres siquiera a la primera reunión. Necesitas saber qué necesitan, con qué batallan y cómo Jack Henry puede ayudar.

Conocer al consumidor es fundamental para las ventas, la narración y las historias del valor en particular. Cuando cuentas historias a posibles consumidores, no tengas miedo de ser específico con tus detalles, piensa en la engrapadora roja de *Enredos de oficina*. No sólo los llevarás en la vía del proceso de cocreación del que hablamos en el capítulo 1, también estarás flexionando tus músculos de empatía. Si sabes que con frecuencia piden pizza durante las reuniones fuera del horario laboral, incluye eso. Si sabes que es probable que tengan una colección de plumas rotuladas de un centenar de representantes de ventas, incluye eso.

Cada detalle específico que incluyas construye una escena que se ve y se siente familiar para la audiencia, y al hacerlo se dirán: "Ellos me entienden".

Aunque debo darte una advertencia. No puedes falsificar este paso. Así como el líder de ventas en Jack Henry dijo "tienes que *conocer en verdad* a tu posible consumidor", ya sea con tiempo, investigación o experiencia, conoce a tu audiencia. Cuando lo hagas, incluye detalles en la historia que cuentas que hagan la escena familiar y muéstrales que en verdad los entiendes.

EL VALOR REAL DE LA HISTORIA DEL VALOR

La característica más importante de la historia del valor es, claro, que funciona. Toma ventas y publicidad terribles y las transforma en algo que cautiva, influencia y transforma. La historia del valor facilita a tus posibles consumidores, a tus futuros clientes leales, entender lo grandioso que es tu producto o servicio. No importa quién eres o cuál es tu historia, cuando cambias tu enfoque a la gente que quieres servir y aliviar el dolor que podría tener o que quiere evitar, dejarás de preguntarte por qué tu publicidad parece floja o ineficiente. Crea una historia del valor para lo que ofreces y verás los resultados. En algunos casos, de manera inmediata.

Al menos ése fue el caso para Sara, una fotógrafa de retratos. Como muchos fotógrafos, sus servicios eran muy claros: toma fotos de gente. En especial retratos de calidad, a veces fotos familiares y, de manera ocasional, de bodas. Sara hacía dinero cuando la gente quería fotos de gran calidad. Claro, las sesiones de fotos de alta calidad no son baratas y si consideras que un Smartphone toma fotos que satisfacen las necesidades de la mayoría de las personas, entiendes por qué Sara trataba constantemente de cerrar la brecha del valor.

Una primavera decidió ofrecer minisesiones especiales para el Día de las Madres. Pero no cualquier foto mamá-bebé. Sara quería tomar fotos de adultos con *sus* padres o abuelos. Un giro interesante de una oferta clásica. Sara se publicitó de la manera usual. Puso publicidad básica en redes sociales y en otros sitios, anunciando la promoción, los precios, los tiempos, locaciones, lo que obtendrían y cómo reservar.

Grillos.

Ni una sola sesión reservada.

No hay necesidad de decir que Sara estaba decepcionada. Pero se negó a rendirse, porque esto era muy importante para ella.

Unos meses antes del día de las madres, Sara perdió a su abuela. A quien adoraba. Una abuela con la que había vivido 10 años como adulta. Una abuela que, debido a esos 10 años extra, Sara llegó a conocer muy bien. No sólo la abuela que conoces de niño. Una abuela cuya memoria, una vez que se ha ido, provocó que Sara buscara cada teléfono viejo y viejas cajas de zapatos para encontrar una foto de las dos juntas de los últimos 10 años. Una foto decente con iluminación decente iluminando sus sonrisas imperfectas.

Pero esa foto no existía.

Porque Sara y su abuela nunca se la tomaron.

Y ahora Sara daría todo por la oportunidad de sentarse y, por 30 minutos, tener unos cuantos momentos capturados en una película con su querida abuela.

Si tan sólo la gente entendiera que *de eso* se trataba esta sesión de fotos.

Y ahí fue donde le cayó el veinte. Debía contar esa historia.

Así que lo hizo.

Sara relanzó el anuncio para su sesión del Día de las Madres, pero esta vez, en lugar de enfocarse en el precio o en lo que entregaría, Sara contó la historia de su abuela. La respuesta fue enorme. Nadie cuestionó el costo. En vez de eso compartieron sus propias historias y lo conectados que se sentían con la de ella.

Lo que casi fue su mayor fracaso terminó siendo la sesión más exitosa de Sara. Las reservaciones fueron el doble que las sesiones anteriores, todo porque compartió su historia.

Ésa es la esencia de una historia del valor, mostrar el valor de una forma que nada más puede hacerlo. Sin importar lo pequeño o grande de tu negocio, si quieres más ventas y mejor publicidad, comienza con tus historias del valor. Y si de pronto estás planeando una sesión de fotos el Día de las Madres con tu mamá o abuela, tendrás que hacer fila detrás de mí.

La historia de la fundación

Cómo los empresarios usan las historias para atraer dinero, consumidores y talento

> Si una persona que te pide invertir no cree en su historia, ¿por qué tú habrías de creerla?
>
> AMY CUDDY, *Presence*

En 2013 fui a Las Vegas para asistir a un evento y expo de artistas que trabajan a mano, cientos de los cuales viajaron desde todas partes del país con cargas de contenedores y cajas llenas de su delicada y valiosa mercancía. Cada artista montó un stand dentro de la sala de exhibición del tamaño de un campo de futbol con la esperanza de que, cuando la expo abriera de manera oficial y una inundación de compradores de renombre atravesara las puertas, su stand sobresaliera lo suficiente para atraer clientes y cerrar unas ventas.

Llegué la noche anterior al inicio del evento y, como oradora de la sección educativa, me ofrecieron un tour de la expo durante el montaje. Di una vuelta por las interminables filas de stands que ofrecían de todo, desde delicados adornos de cuentas hasta pinturas, estatuas de pedazos de metal, telas pintadas o cristalería.

Aunque cada puesto era un poco diferente, muchos vendían de manera esencial las mismas cosas. No pasó mucho tiempo antes de empezar a sentir *déjà vu*. Cuando me acerqué a la última fila de stands encontré uno lleno de cosas de vidrio soplado. Platos, vasos, tazones y bandejas con brillantes colores. No era el primero de cristalería que había visto en la expo, pero es seguro que me llamó la atención. Me acerqué al hombre del stand y lo saludé, en parte por curiosidad y en parte como experimento para ver si me contaba alguna historia.

—¿Éste es tu trabajo? Es hermoso.

—Sí, yo soy el artista. Gracias.

—Cuéntame de él… —hice una pausa, sonreí—. Me encantaría escuchar más sobre tu arte. ¿Qué te inspira a crearlo?

Me miró y dijo:

—Son platos decorativos.

No era con exactitud la respuesta que esperaba, en especial no de un empresario de vidrio soplado que trata de diferenciarse de los otros 30 artistas de vidrio en el evento. Así que traté de nuevo.

—¿Por cuánto tiempo has hecho esto? ¿Qué te inspiró a empezar?

—1987.

En su defensa, el evento todavía no comenzaba, así que tal vez el dueño/artista no estaba por completo en modo ENCENDIDO. Cualquiera que fuera la razón, era claro que no habría historia. Justo en ese momento una de los organizadores se acercó al stand y me presentó al artista como "Kindra Hall, la experta en narración que se presentará mañana en la sesión educativa sobre contar tu historia para diferenciar tu marca".

De repente una mirada de reconocimiento cruzó el rostro del artista. Como si alguien, en algún lugar, le hubiera dicho en algún momento que debía contar su historia. Pero antes de poder decir cualquier cosa, la organizadora me alejó. Cuando daba la vuelta para ir con ella, escuché al artista llamándome: "¡Espere! ¡Espere!" Al voltear me dijo: "Si puede, vuelva. Tengo una buena historia que contarle".

Estoy segura de que la tenía.

Si tan sólo la hubiera contado cuando tuvo la oportunidad.

TODO NEGOCIO TIENE UNA HISTORIA

Todo negocio tiene una historia de su fundación.

Detrás de cada negocio, hay una historia del *quién* y *cómo* empezó todo. Un relato de antes de que el negocio siquiera fuera un brillo en los ojos del fundador. Una historia del momento en el que la idea se asomó por primera vez. Una historia del momento en el que el fundador se dio cuenta de que esto en realidad podría ser un negocio.

Ya sea que estés en una compañía o hayas empezado una, la historia está garantizada. Sin importar qué tan grande, pequeña, vieja o nueva sea (a menos que sea el único caso de incorporación inmaculada), muéstrame una empresa o un producto y te enseñaré una historia de cómo empezó. No hay excepciones.

Éstas son muy buenas noticias.

Buenas noticias porque, en un mundo parecido a la sala de la expo en Las Vegas lleno de filas y filas de competidores ofreciendo lo mismo, la historia de la fundación es una de las mejores formas de sobresalir y cerrar la brecha entre tus posibles consumidores y tú.

Ya sea que estés en la fase de lanzamiento y buscando conseguir dinero de inversionistas, intentando diferenciarte en un mercado lleno y ruidoso o tratando de atraer talento para crecer, las historias de la fundación pueden manejar las tres situaciones en formas diferentes y por diferentes razones.

LA HISTORIA DE LA FUNDACIÓN PARA CERRAR LA BRECHA DE LA INVERSIÓN

Hace muchos años dos chicos que fueron juntos a la universidad se hicieron roommates en San Francisco. Ahora, no sé si alguna vez hayas vivido en la Ciudad de la Bahía o conozcas a alguien que lo haya hecho, pero es probable que estés consciente de que no es conocida por sus casas asequibles. San Francisco es muchas cosas, pero barato no. Así que ya imaginarás, cuando tocaba pagar la renta, estos chicos batallaban para juntar todo el dinero.

Cada año, había una gran convención de diseño en la ciudad. De hecho, era tan grande que todos los hoteles de la lista de sugerencias estaban llenos. No había un lugar para ningún diseñador en el San Fran Inn. ¿Qué se suponía que hicieran los visitantes? ¿Dormir en las calles? ¿Dormir en el piso de la casa de un extraño?

Espera un minuto. Y si…

Cuando nuestros dos pobres (de manera literal y figurativa) roomies de San Francisco escucharon que la ciudad estaba sin vacantes y todavía había gente buscando hospedaje, tuvieron una idea loca. ¿Y si rentaran su habitación a algunos asistentes? Los foráneos tendrían un lugar donde quedarse y los roommates podrían cubrir su renta con el dinero de los huéspedes.

Sonaba perfecto, excepto por un gran problema. Los chicos no tenían un cuarto o cama extra para rentar. Pero tenían un par de colchones inflables y espacio abierto en la sala. Suficientemente bueno, decidieron. Rentarían ésos.

Los roommates anunciaron sus colchones inflables y recibieron a tres personas. Gente extraña por completo. Una experiencia increíble. Los huéspedes la pasaron muy bien en la convención y hospedándose con los chicos, quienes a su vez la pasaron muy bien hospedándolos.

Ahí fue cuando los roommates tuvieron una idea. ¿Y si esto no fuera algo de una sola vez? ¿Y si, en vez de rentarlo un mes, crecieran la idea y rentaran cada mes, permitiendo a cualquiera rentar su espacio por una experiencia aleatoria e increíble con un costo de arranque de sólo un par de colchones inflables?

Éste fue el inicio de Airbnb como lo conocemos hoy en día.[35]

Y claro, ésa es sólo una parte de la historia. Hubo muchos giros inesperados y triunfos creativos en el camino, como:

- Financiar los difíciles primeros días con tarjetas de crédito y juntando miles de dólares en deudas.
- Empaquetar cereal en cajas de "Obama O's" y "Cap'n McCain" para pagar la deuda y vivir para vender otro día.
- Esparcir la voz al contactar bloggers con pequeñas audiencias, porque les podían dar algo de atención.[36]

Estas historias ahora son del acervo popular de Airbnb. Pero con frecuencia se ignora lo importante que fue la narración para la compañía en sus primeros días, en los tiempos en que Airbnb sólo tenía dos consumidores (no millones) y luchaba por sobrevivir.

#STARTUPLIFE

Las startups siempre enfrentan retos y Airbnb tuvo muchos obstáculos. En concreto, aunque la idea de convertir el espacio extra de casa en negocio usando la economía colaborativa ahora parece obvia, no lo era en esa época. Piénsalo. Alguien te dice: "¿Por qué no recibes algunos extraños en tu casa este fin de semana?... ¿Qué? No, no son amigos ni amigos de amigos. Sólo son extraños que te encontraron en internet. Tal vez también les puedas hacer el desayuno".

Para muchas personas eso es un no instantáneo y así fue como muchos inversionistas respondieron a la idea. Jeff Jordan es un socio general en la compañía de capital de riesgo Andreessen Horowitz, una compañía que puede oler un unicornio a una década de distancia. Skype, Facebook y Twitter son sólo algunos de sus éxitos.

Así que imagínate cuando Jordan dijo: "La primera vez que escuché sobre Airbnb pensé que era la idea más estúpida que hubiera escuchado jamás".[37] Ese comentario aplasta el corazón de cualquier emprendedor, incluido Brian Chesky, uno de los fundadores de Airbnb. Lo único que tal vez le facilitó las cosas en los primeros días de la compañía fue que Chesky había escuchado muchas veces cosas como la frase de Jordan: "La idea más estúpida".

En el primer año del negocio, cada empresa de capital de riesgo que Chesky contactó lo rechazó. Como le dijo a *Fast Company*: "La gente creyó que estábamos locos. Decían que extraños no se hospedarían con extraños e iban a pasar cosas horribles".[38]

Imagino que Chesky experimentó ese sentimiento único de furia y frustración reservado para aquellos que creen hasta los huesos que tienen algo bueno (y que de hecho lo tienen), pero siguen siendo rechazados por los poderes fácticos. Como la estrella de Lady Antebellum, la cinco veces ganadora de un Premio Grammy, Hillary Scott, se sintió después de ser rechazada en *American Idol* dos veces antes de convertirse en número uno. O como J. K. Rowling se sintió después de ser rechazada por 12 editoriales para el primer libro de Harry Potter.

En todos esos casos, el talento y la oportunidad estaban ahí. ¿Pero cómo comunicas de manera efectiva el potencial a un inversionista que, en la palma de su mano, sostiene el poder de conceder la oportunidad de tu vida o de firmar el certificado de muerte de tu sueño? Cuando se trata de startups, ¿cómo convences a inversionistas de que tienes un negocio en el que vale la pena invertir sin una prueba de éxito? ¿Cómo persuadir a un inversionista para que tome un riesgo sin poder ofrecer mucho en términos de seguridad? Si surge la oportunidad de pararte frente a alguien con los bolsillos lo suficientemente llenos para despegar tu idea del suelo, ¿qué le dirías?

Éstas son buenas preguntas que cada emprendedor se hace. Los fundadores de Airbnb no fueron los primeros en preguntarlo ni serán los últimos. Para algunos, este dilema empresarial particular se desarrolla frente a millones de personas.

VÉNDETE A TI MISMO

Cada semana, millones de televidentes sintonizan el programa de la ABC Shark Tank. Y cada semana, emprendedores esperanzados se paran frente a un panel de jueces intimidantes y presentan su idea, negocio, producto o servicio con la esperanza de que uno de los tiburones invierta. No sólo es un gran entretenimiento, también ilumina (con muchas luces, de hecho, todo un equipo de iluminación) el reto que enfrentan los emprendedores en la construcción de puentes.

Incluso en la versión para televisión, la batalla es real.

Música dramática suena mientras vemos a los emprendedores llenos de esperanza caminar por un pasillo oscuro para enfrentar su destino: la oportunidad de su vida o el fin de sus sueños.

Las presentaciones por lo general empiezan igual. Los emprendedores se presentan y declaran los términos de la inversión que buscan. Describen de manera breve sus productos y después, bueno, hay un par de opciones.

Una opción obvia es hablar sobre números. Armados con el conocimiento de que los inversionistas quieren ganar dinero (con frecuencia sólo eso), los emprendedores buscan la manera de convencerlos de que es una gran idea decir sí a este riesgo. ¿Qué mejor manera de persuadir a alguien que con hechos fríos y duros? La lógica siempre es la mejor política. Confía en los números. Cosas como el tamaño del mercado, tasas de conversión, ROI y costos marginales. Es tranquilizador para el emprendedor y suena muy oficial para quienes toman la decisión.

Me detendré aquí para decir que es importante tener los números en orden, pero como aprendimos en capítulos pasados, los números en orden casi nunca son suficientes.

¿Cuál es la fórmula mágica para conseguir un trato que te cambie la vida?

Contar la historia de la fundación parece ser al menos parte de ella.

De hecho, en un análisis de la temporada seis de Shark Tank (justo a la mitad del programa), mi equipo analizó las 116 presentaciones basándose en un nuestro criterio de historias y determinó que 76.7% de las presentaciones al aire contó una historia. De esas personas que lo hicieron, más consiguieron un trato que las que no lo hicieron.

Tal vez parte de la razón sea que, cuando se trata de un producto nuevo o idea, te estás vendiendo tanto como cualquier otra cosa.

DE ESCÉPTICO A CREYENTE EN UNA HISTORIA

Aunque su oferta no fue transmitida en televisión nacional, Brian Chesky y Airbnb nadaban con sus propios tiburones mientras buscaban a alguien que les garantizara los fondos que necesitaban para lanzar lo que sospechaban, lo que sabían en lo más profundo de su corazón, que era una increíble compañía.

Pero ninguna cantidad de números en el mundo cerraría la brecha emprendedor-inversionista. Había una falta de confianza abrumadora en la idea y los inversionistas no podían ver cómo funcionaría. Con la lógica guiando sólo a callejones sin salida, la joven compañía no tuvo otra opción que recurrir al poder de las historias para convencer a los inversionistas a los que se acercaban. La única persona que podía contar esa historia era el fundador. Y la única historia que tenía era la de él.

¿Recuerdas a Jeff Jordan, el inversionista de riesgo que estaba convencido de que Airbnb era la peor idea que había escuchado? Él sostiene esa declaración, pero después agregó que tras escuchar hablar a Chesky, lo compraron.[39]

Cuando Jordan se reunió con Chesky, dijo: "Pasé de un completo escéptico a un completo creyente en 29 minutos".[40] ¿Por qué? Porque Chesky es un narrador. "Cada gran fundador en verdad puede contar una gran historia —dijo Jordan a *Business Insider*—. Es uno de los puntos clave de un fundador, que puedes convencer a la gente de creer."[41]

Con una simple historia, su historia de fundador, Chesky demostró lo que Jordan llama un ajuste de fundador/producto. Una historia que ilustra el nacimiento de una idea. Una historia que de manera intrínseca dice que nadie más pudo haber pensado en esta idea, en este momento y de esta forma.

Como cualquier fan de Shark Tank te diría, fondear una idea es más que la idea en sí. Cuando se trata de apostar en una compañía, los inversionistas están apostando no sólo en un caballo figurativo sino en el jockey. En alguien con la pasión de llevar a una compañía hasta la cima. Tener y contar la historia de la fundación asegura a los inversionistas que el fundador es genuino. Es una historia que crea fe más allá de los números, responde preguntas con nuestro esfuerzo y completa cualquier pieza faltante del rompecabezas sobre dónde ha estado el fundador, a dónde va y por qué vale la pena apostarle a él.

Ya sea que estés en un estudio de Hollywood presentando una idea a millonarios famosos o en una sala de conferencias de Silicon Valley, cuando los posibles inversionistas pasan de una mirada fija a entrecerrar los ojos, es porque están teniendo una conversación tácita.

Inversionista: ¿Este fundador puede vencer la adversidad?

Fundador: Sí.

Inversionista: ¿Este fundador está comprometido por completo?

Fundador: Sangro del color de mi logo.

Inversionista: ¿Este fundador está comprometido de manera emocional?

Fundador: No le digas a mi pareja, pero nuestra boda no fue el día más feliz de mi vida. Fue cuando llenamos los certificados de incorporación.

Escuchar estas respuestas no es suficiente, el inversionista necesita sentirlas. Al saber lo que sabes sobre los efectos de la narración, una historia de la fundación bien contada puede generar todos los sentimientos que necesitas.

Ese día trascendental Brian Chesky enfrentó una de las experiencias más intensas para un emprendedor y la cosa que convirtió a escépticos en creyentes fue su historia. Fue suficiente para superar cualquier objeción, generar fe y por fin obtener un sí. Un sí de 112 millones de dólares.[42]

LA HISTORIA DE LA FUNDACIÓN PARA CERRAR LA BRECHA DEL CONSUMIDOR

Ahora, no sé si buscar inversionistas es parte de tu plan. Muchos fundadores no usan dinero de inversionistas y por lo tanto no utilizan su historia de la fundación para asegurar financiamiento. Muchos empresarios usan sus recursos para generar ingresos y reinvertir la ganancia para crecer. Y cuando digo muchos, me refiero a muchos.

De acuerdo con Kaufman Index, 540 mil nuevos negocios comienzan el viaje empresarial cada mes.[43] Sí, lo leíste bien: ¡540 mil! Un estudio de Intuit descubrió que 64% de los dueños de pequeños negocios comenzó con menos de 10 mil dólares y 75% de ellos depende de ahorros personales para iniciar sus negocios.[44]

Esto significa 540 mil posibles competidores; 540 mil fundadores igual de hambrientos y dispuestos a usar sus ahorros y hacer lo necesario como tú. Si leer esto eleva tu ritmo cardiaco un poco, te escucho.

Como una muestra de apoyo, amigos y conocidos bien intencionados con frecuencia me mandan artículos, blogs o noticias sobre otros narradores expertos, compañías o eventos. Aunque quiero que haya más gente enseñando y promoviendo la importancia de la narración, cada artículo me da un poco de escalofrío. Significa competencia. Significa que, por mucho que a cualquier empresario le encantaría creerlo, no soy la única.

Ya sea que estés en la Serie B del financiamiento o si, como yo, tienes que googlear lo que eso significa, enfrentarás competencia y copiones. En esos momentos, recurre a tu historia de la fundación para diferenciarte.

¿POR QUÉ MEZCLARTE CUANDO PUEDES DIFERENCIARTE?

Era 2015 y Jerry Meek, fundador de Desert Star Construction, lo había visto todo. Era de la tercera generación de constructores, su juguete favorito de niño era una lata de café llena de clavos y, cuando su padre se lo permitía, usaba un martillo. Ver el portafolio de Jerry contesta la vieja duda que cualquiera tiene cuando hojea una revista de casas de lujo. ¿Estas casas son reales? Sí. Sí lo son. Y Jerry las construye.

La verdad sea dicha, si Jerry fuera el único que las construye, no habría una historia. Pero, claro, Desert Star Construction no es la única constructora de casas de lujo. En Arizona, donde Jerry está asentado y donde los impuestos son relajados, la competencia es fuerte en el mercado de la construcción de casas de lujo.

Similar a los fundadores de Airbnb, Jerry estaba confiado en lo que tenía para ofrecer. Sabía que su método era mejor, su equipo era mejor y su compromiso con los clientes durante el largo proceso de construcción era mejor. Pero él, como muchos propietarios de negocios, estaba batallando para comunicar su amor por la construcción y lo que eso significaba para posibles clientes que buscaban construir la casa de sus sueños. Cuando lo intentaba, sonaba como cualquier otro constructor. Necesitaba una forma de diferenciarse.

Necesitaba contar su historia.

Lo que Jerry enfrentaba era el clásico problema de empresas pequeñas. La compañía ya no está en su infancia. Se habían completado órdenes de compra; hay consumidores que usan, incluso aman, el producto o servicio que ofrece. Hay sistemas y un equipo en posición y la búsqueda de nuevos consumidores ya no se clasifica como una misión para comenzar sino como un esfuerzo continuo para seguir creciendo. Ya no se trata de establecerse sino de diferenciarse.

Tristemente la diferenciación es más difícil de lograr de lo que nos gustaría. ¿Cómo muestras que eres diferente sin verte como los demás que lo hacen asegurando que son diferentes de la misma forma que tú?

Recuerdo los primeros días en que salía con mi esposo cuando aún hacía cualquier cosa para impresionarlo, incluido ver el futbol (de lo que ya sabes) y ver *Da Ali G Show*. Sí. El programa era tan ridículo como suena. Sin tratar de explicar el argumento, te contaré sobre un episodio. El personaje principal, interpretado por el comediante Sacha Baron Cohen, entrevista a un trabajador de una tienda en el pasillo de lácteos. Cohen señala una repisa llena de varios bloques y bolsas de queso cheddar y pregunta: "¿Qué es eso?" El empleado contesta: "Queso". Cohen da dos pasos, señala otra fila de quesos, tal vez suizo y pregunta: "¿Qué es eso?". El empleado contesta: "Queso". Cohen da unos cuantos pasos más, señala otro tipo de queso y todo se repite. El *sketch* es gracioso por el juego de palabras y porque, a pesar de que hay decenas de variedades de queso en las repisas, todas las describe del mismo modo.

DIFERENTE, JUSTO COMO TODOS LOS DEMÁS

En 2012, dos años antes de que su obra maestra, su biblia para los negocios *Esencialismo* fuera publicada, Greg McKeown escribió un artículo para la *Harvard Business Review* titulado "If I read one more platitude-filled mission statement, I'll scream"[45] (Si leo otra misión llena de las mismas ideas de siempre, gritaré).

El artículo comienza con un tipo de juego: tres empresas y tres misiones empresariales. El trabajo del lector es conectar la empresa con la misión. Parecía muy simple. ¿El problema? Las misiones eran grupos de palabras indistinguibles e intercambiables. "Crecimiento rentable", "servicio superior al cliente", "beneficiar a nuestros consumidores y accionistas", "los más altos estándares éticos". Los atributos que pensaron que las diferenciarían en realidad las hacían indistinguibles.

Realicé un experimento similar con grupos que incluían varias compañías diferentes de una industria. "¿Cuántos de ustedes usan su 'compromiso con la excelencia' como diferenciador?" Toda la audiencia levantó la mano. "¿Cuántos de ustedes aseguran que su 'servicio al cliente' los diferencia?" Toda la audiencia levantó la mano de nuevo. "¿Cuántos de ustedes dirían que su 'pasión' es lo que los hace diferentes que los demás?"

Ya tienes la idea.

Por suerte, cuando esto pasa hay algunas risas (aunque nerviosas) al reconocer de manera colectiva que nuestros diferenciadores, las cosas que nos hacen diferentes a los demás, son exactamente las mismas. Al menos en la forma en la que las comunicamos ahora.

Esta lucha por diferenciar no sólo es real en el pasillo de los quesos y en eventos de una industria, es un destino posible para cualquier producto, servicio y compañía.

¿El mejor antídoto? Una historia de la fundación.

TODO LO DEMÁS SE CONSIDERA IGUAL: LA HISTORIA GANA

Hay una razón por la cual, cuando busco ropa para ponerme bajo un vestido formal y entallado, no compro cualquier cosa que esté colgada en la repisa de soluciones de Nordstrom, siempre voy directo a los Spanx. ¿Por qué? Porque he escuchado la historia de Sara Blakely.

Es la historia de cómo aprovechó una oportunidad e inició una compañía. Cómo vendió hasta que consiguió una cita en una gran tienda departamental que sólo se consigue una vez en la vida. La historia de cuando se sentó con la compradora y cuando parecía que la mujer no entendía, Blakely la convenció de ir al baño con ella para mostrarle el producto en acción. Justo como con los chicles Extra, cuando veo un océano de fajas para la cintura y la cadera que prometen casi lo mismo, me voy con quien tiene una historia que amo.

Lo mismo aplica cuando decido derrochar y que me peinen fuera. No, no corte, no teñido. Sólo secado y estilizado. Podría ir a cualquier estética, incluida a la que he ido cada seis semanas por los últimos 10 años y obtener este servicio. Pero, en vez de eso, voy a Drybar. ¿Por qué? Porque escuché la historia de su fundadora. Alli Webb ha contado su historia en revistas y entrevistas en línea, en podcasts y en eventos para mujeres. Tú nombra la plataforma o el medio y es probable que Alli haya contado su historia ahí. La he escuchado varias veces y en diferentes formas, siempre me alegra leerla o escucharla. La historia de su cabello chino y cómo la hacía sentir de pequeña (siempre me sentí rara de niña, no por mi cabello, pero me puedo identificar). La parte sobre los precios excesivos (una vez sobregiré mi tarjeta porque compré un champú y no me di cuenta de que la botella costaba 100 dólares). La parte en que ella manejaba por todo Los Ángeles haciendo secados a sus amigas por un precio barato (pienso en las veces que pasé escribiendo historias para las cartas de presentación de mis amigos, votos para bodas o discursos de aceptación). La parte de su hermano teniendo fe en ella, alentándola a seguir (mi esposo me alentó a renunciar en mi trabajo para averiguar cómo vivir de la narración de tiempo completo o cualquier cosa que *eso* significara). Toda la lucha, todo el riesgo, todos los votos de confianza y, con el tiempo, ¡todo el éxito! Digo, ¿qué más podrías querer?

La manera en que mi hija sonríe cuando Ariel se transforma en humana y se casa con el príncipe Eric es el equivalente adulto que siento cuando escucho una historia de la fundación bien contada. Como, ¡los sueños sí se vuelven realidad! ¡Las princesas *pueden* vencer las probabilidades! Quizá suena tan loco como la transformación de una sirena en una humana o un títere en un niño de verdad, pero *es* posible. La historia de la fundación se difumina con mi historia y me hago leal a la marca como resultado.

Cuando se hace de la manera correcta, la historia de la fundación logra esto. Se posa sobre el deseo en el corazón de cada humano. No importa dónde se encuentra el fundador en este momento en su búsqueda de éxito empresarial, la historia de los primeros días con frecuencia se lee como un cuento de hadas. Por eso debes contarla y nunca dejar de hacerlo.

Claro, hay muchas marcas y compañías con clientes leales sin tener una historia. Pero si eres un negocio pequeño batallando por diferenciarte, nunca subestimes el poder de tu historia de la fundación. Incluso si has dudado en contarla porque no parece tan grande, emocionante o dramática como una película de Disney. Cuando se trata de la historia de la fundación, no importa la magnitud de la historia, sino la decisión de contarla.

Que es con exactitud lo que Jerry Meek de Desert Star Construction decidió hacer.

Su historia no era muy grande. No era un drama. Seguro Hollywood nunca la convertiría en película. Pero a Jerry no le importaba Hollywood, sólo le importaba articular de mejor forma su pasión por la construcción y decir por qué Desert Star era la mejor opción para construir la casa soñada. Para lograrlo, Jerry tuvo que regresar en el tiempo, regresar mucho.

Regresó a cuando era niño. Mientras sus amigos jugaban deportes y con G. I. Joe, él no lo hacía. En vez de eso, construía cosas. Fuertes reales con techos inclinados que requerían martillos, clavos y madera. Una vez construyó un fuerte tan grande que ocupó la mitad del jardín. Jerry se sentaba en el techo y pensaba qué podía construir después.

¿Estás llorando en este punto de la historia? Seguro no. ¿Esta historia ha cambiado tu vida? No es probable. Está bien porque Jerry no buscaba eso. Lo que Jerry necesitaba era que los clientes entendieran que él no se convirtió en constructor de manera casual, nació siendo uno. Si un cliente escoge Desert Star Construction para construir su casa, el equipo de Jerry abordaría el proyecto con el mismo sentimiento de asombro, conjugado con décadas de experiencia en construcción, para crear una casa de ensueño.

Jerry decidió que la mejor manera de contar su historia era a través de un video. Contrató a un equipo, entregaría la historia directo a la cámara y filmarían el B-roll en una de sus lujosas construcciones para llenar el espacio visual. Tomó semanas escribir el guion, coordinar y terminar las cosas. Parecía ser el plan perfecto hasta que, de repente, ya no lo era.

En un giro del destino, el día que empezaría el rodaje, un posible cliente de muy alto nivel quería reunirse para tratar asuntos de su Personal Resort®, una de las casas más grandes jamás construidas en Estados Unidos. Desert Star Construction fue una de las empresas finalistas y Jerry estaba emocionado por la increíble oportunidad. Se preparó para hacer su propuesta esa tarde. El equipo de filmación tuvo muy poco tiempo para grabar el proyecto antes de que Jerry se fuera a presentar la propuesta final para un proyecto del que quería ser parte con desesperación.

Lo lograron. Consiguieron las tomas, Jerry contó su historia y antes de que el equipo dijera "terminamos", él ya iba en camino a la presentación de su vida... donde sucedió la verdadera historia. Cuando Jerry se paró frente al equipo del cliente, listo para hacer su presentación habitual, recordó la historia del fuerte de la filmación que acababa de hacer.

Con una decisión de "que sea lo que Dios quiera", en vez de empezar con la misión de la compañía que sonaba de manera exacta como lo que diría su competencia, Jerry contó la historia de cómo construía fuertes de niño y cómo, cada día, cuando deja la obra, piensa en ese primer fuerte que construyó y no puede evitar preguntarse qué construirá después.

Desert Star consiguió el trabajo.

Ese gran, gran trabajo.

Claro, como los participantes de Shark Tank, Desert Star necesitaba conocer su campo, comunicar que negociarían los mejores precios y servir como defensor del cliente. Necesitaban números, datos y pruebas de que ellos eran en extremo competentes y capaces.

Pero al final, cuando compites con otras constructoras de lujo que podrían asegurar tener las mismas habilidades, la historia gana el día. Más adelante, el cliente declaró en específico que había algo en la historia de Jerry, sobre construir fuertes de niño, que lo hizo sentir su pasión y confiar en que entregaría bien.

Con frecuencia, sólo se necesita una historia simple, una historia de cuando todo empezó, una del primer éxito o del primer fracaso. El comienzo de una compañía está lleno de historias, cada una de ellas única y capaz de diferenciarte de los demás. Si se considera todo igual, tu historia de la fundación te diferenciará del resto de la competencia, te conectará de manera significativa con tu consumidor y te dará un fácil sí.

LA HISTORIA DE LA FUNDACIÓN PARA CERRAR LA BRECHA DEL TALENTO

Además de cerrar la brecha del inversionista y la del consumidor, la tercera brecha que un fundador debe cerrar es la que inspirará a otros a cruzar y, una vez que lo hagan, ser parte del equipo. Aunque algunos negocios están diseñados para ser un show de un solo hombre, la mayoría necesita atraer a otros para crecer y alcanzar su máximo potencial. Pero no a cualquiera, a los mejores. Personas que compartan el sueño, que estén comprometidas con el resultado y dispuestas a recorrer el camino largo con ellos.

Tal vez hayas escuchado la analogía de que un caballo de tiro puede jalar 3 mil 600 kilos de peso muerto, pero dos caballos de tiro, con su fuerza combinada, pueden jalar 10 mil kilos, mucho más que la fuerza individual de cada caballo duplicada. Si eso es verdad o no (el internet está dividido en el tema), el principio se mantiene: pon al equipo correcto en orden y tendrás un mayor éxito de manera exponencial.

El problema es que buen talento es difícil de encontrar. Y si lo encuentras, hay grandes posibilidades de que tu competencia también lo haya hecho. Pasé gran parte de 2017 hablando con CEO y los principales líderes de cientos de compañías en varias ciudades en todo el país que eran miembros del exclusivo grupo mastermind. Miles de directivos, representantes de compañías de todos tamaños y de muchas industrias se reunirían para un día de redes de trabajo y presentaciones, buscando llevarse consejos y nuevos métodos para resolver sus mayores problemas.

En 2017, no importa la ciudad, desde San Diego a Chicago, Pittsburgh a Seattle, las encuestas mostraron que el mayor problema que los aquejaba a todos era mantener el talento. Cuando el negocio crece, el talento tiene el poder y los líderes en la sala querían saber cómo llamar su atención y la mejor manera de persuadirlo para unirse a su equipo y transformarlos no sólo en empleados sino en creyentes.

La historia de la fundación es un gran primer paso para hacer que crucen la brecha.

DÓNDE BUSCAR TU HISTORIA DE LA FUNDACIÓN

Claro, no todos los negocios son Airbnb o quieren serlo. Pero no te equivoques, si empezaste un negocio, eres un fundador. Y aunque creas que no tienes una historia de la fundación, sí la tienes. Garantizado. Si te sientes inseguro, sólo ve las historias en Kickstarter. Es gente real contando sus historias de la fundación.

En el capítulo 8 veremos más de cerca varias estrategias para encontrar tu historia, pero por ahora quiero decirte algunos lugares donde, con frecuencia, se esconden las historias de la fundación y puedes encontrarlas.

Regresa en el tiempo

Estuve trabajando con un grupo femenino de asesoras financieras de alto rango. Cada una era empresaria y responsable de haber creado sus libros sobre negocios. Cada una estaba dedicada a servir bien a sus consumidores al cuidar y ayudar a hacer crecer su posesión más preciada: el dinero. Y cada una estaba consciente de que la competencia era dura y sus posibles clientes eran, por defecto, un poco nerviosos. El éxito de cada asesora dependía en su totalidad de su habilidad de comunicar de manera efectiva su pasión, lo confiable que era y, a la vez, diferenciarse de los otros casi 250 mil asesores financieros que hacían exactamente lo mismo.[46]

¿La solución? Encontrar su historia de la fundación.

Para hacerlo, muchas regresaron en el tiempo a cuando encontraron por primera vez su pasión por el dinero, como abrir su primera cuenta de banco o ahorrar para su primer juguete.

Una mujer recordaba amar el dinero desde siempre. De chica, su juguete favorito era el dinero. A pesar de que tenía una alcancía de cerdito, era raro que el dinero estuviera ahí. La niña amaba sostenerlo, ordenarlo en pilas y moverlo por ahí.

Cada que podía jugaba con él, para el descontento de su madre.

—¡No juegues con el dinero! —le gritaba.

—¿Por qué no?

—Porque… —su madre insistía en la forma en que lo hacen las madres y de manera rápida buscaba una razón que fuera suficiente para la pequeña niña—, ¡está sucio! El dinero está sucio y no deberías jugar con él.

La niña estaba devastada. Amaba mucho el dinero, no se podía alejar de él, pero no quería molestar a su madre. Determinada, encontró una solución que las haría felices a las dos. Fue al jardín, llenó una cubeta con jabón y agua tibia y moneda por moneda, billete por billete, lavó con gentileza todo su dinero.

A medio proceso, su madre apareció.

—¡¿Qué haces?! —gritó—. ¡Te dije que no jugaras con el dinero!

—Dijiste que estaba sucio. ¿Pero ves? Lo estoy lavando.

En ese momento la ahora asesora adulta terminó la historia diciendo: "Claro, ahora sé que lavar el dinero no es bueno, pero mi amor por él no ha cambiado. Y puedes estar seguro de que trataré tu dinero con el amor y respeto que merece".

Era el comienzo perfecto para una historia de la fundación que encontró regresando en el tiempo a su niñez. Es la misma estrategia que usamos con la historia de Desert Star Construction y un método que puedes usar cuando comiences la búsqueda para contar tu historia de la fundación.

Recuerda el momento de "tiene que haber una mejor manera"

El día que el joven dejó sus lentes en el avión y enfrentó la fría, dura y aplastante realidad del costo de un par de lentes fue el momento en el que el cofundador de Warby Parker se dijo: "¡Tiene que haber una mejor manera!"

Si alguna vez te has dado cuenta de algo así, ese justo momento en el que te das cuenta de que la forma en que siempre se han hecho las cosas no es la mejor, podría ser el comienzo de una historia de la fundación.

Tómate un tiempo para pensar sobre ese día del primer golpe, los primeros instantes en que empezaste a explorar cómo sería una mejor manera. ¿Qué sentías? ¿Quién estaba ahí? ¿Cómo se desarrollaron los eventos? Incluye la duda, la incredulidad. Incluye las partes que, en retrospectiva, te parezcan graciosas, locas o adorables. Cuando digo "tómate un tiempo", lo digo en serio. Es fácil, como fundador, estar tan inmerso en el lugar que ocupa tu compañía en este momento o a dónde va que olvidas los momentos donde todo comenzó. Pero algunas de las mejores historias de la fundación nacieron en esos momentos de "¡tiene que haber una mejor manera!"

Busca la sangre, el sudor y las lágrimas

En la temporada 5 de Shark Tank una madre se paró frente a los dientudos inversionistas. Estaba ahí para presentar su línea de mocasines para bebés y esta mamá sabía lo que tenía. Contestó cada pregunta dura que le hicieron los tiburones. Márgenes, precios de venta. Ellos hacían una pregunta, ella tenía la respuesta.

Pero el panorama no era bueno.

Ninguno de los tiburones parecía interesado en invertir. Hasta que la madre de Utah encontró la oportunidad de contar su historia de la fundación. No era sobre el calzado sino sobre el otro producto que estaba vendiendo: ella misma.

Les contó qué necesitó para iniciar la compañía. Tenía la idea, sí, pero las ideas requieren dinero y eso no le sobraba. En un esfuerzo por conseguir los fondos suficientes para hacer los primeros productos, pasó un verano completo rompiendo vidrios de marcos de aluminio. Un trabajo agotador, sudoroso y sangriento.

Una vez que los marcos estaban limpios, llevó el aluminio, lo vendió como chatarra donde le dieron 200 dólares. Usó ese dinero para comprar telas para sus primeros mocasines.

Hasta que escucharon su historia, el agua del tanque pasó de tranquila a un frenesí alimenticio. Porque, admitámoslo, calzado para bebés, incluso mocasines, no son un concepto nuevo. A ninguno de los tiburones le importaba los mocasines. Lo que les importó fue la historia que mostraba que "haría lo necesario", "sudar bajo el sol de verano", "no tengo miedo del trabajo manual", "véanme transformar 200 dólares en millones". Ahora sus mocasines están en todos lados, en Nordstrom, en los pies de los bebés de mis amigos y todo porque contó su historia de sangre, sudor y lágrimas.

Cuando se trata de encontrar tu historia de la fundación, no corras de inmediato al lado soleado de la calle. Aunque puede ser tentador enfocarte en tus éxitos, estarás mejor buscando en las sombras. Esos momentos que no fueron todo unicornios y arcoíris. La historia de la fundación de Airbnb no es "tuvimos una gran idea, trabajamos duro, éramos muy talentosos e inteligentes y ahora tenemos una compañía de miles de millones". La historia real de Airbnb es mucho menos brillante y eso la hace grandiosa.

¿Recuerdas cuando todo iba mal con tu negocio? ¿Cuando las cosas se pusieron feas? ¿Cuando tus amigos y familia seguían diciéndote esa frase que hacía que te dieran ganas de golpearlos en el rostro: "Todo pasa por una razón…"?

¿Recuerdas eso?

Bien.

Porque ahí es donde está tu historia. En esas batallas. Las sangrientas, sudorosas, que te hacen llorar, las que con el tiempo te llevan a la victoria. Ahí encontrarás las semillas de tu historia de la fundación.

CUATRO TRAMPAS EN LAS HISTORIAS DE LA FUNDACIÓN (Y CÓMO EVITARLAS)

Aunque la historia de la fundación parece evidente, como el interminable flujo de #fotosfallidas de Instagram o cuando una receta luce muy fácil y hermosa en línea, pero en la vida real resulta ridícula, hay muchos retos, dificultades y formas en que una historia de la fundación puede salir mal.

Trampa 1: Confundir la historia de la fundación y la historia del valor

Primero lo primero. Antes de que avancemos más, hay una distinción importante. La historia de la fundación no es la historia del valor. La historia de la fundación es en esencia sobre el fundador. Se puede entrelazar con otras historias e ilustrar de manera inherente el valor del producto o servicio que se ofrece. Pero cuando esa historia es sólo sobre el producto, se convierte en una historia del valor. Como fundador, seguro puedes contar una historia del valor. Pero tienes que saber que no son lo mismo. Cuando sólo hablas del producto, estás vendiendo el producto, no a ti. Al contar una historia de la fundación, lo primero y principal: te estás vendiendo a ti.

Trampa 2: No contar tu historia de la fundación porque estás cansado de contarla

En los últimos años, en cualquier noche, si llegaste a caminar en los alrededores de la Calle Cuarenta y Seis Oeste en la ciudad de Nueva York, te habrá dado la bienvenida una histeria masiva. Sí, para quienes conocen el área, saben que en la Calle Cuarenta y Seis Oeste está Times Square, lo que implica caos sin importar el día o la hora. Pero esta calle es especial.

Ahí está el Teatro Richard Rogers. El lugar a donde vas si quieres ver *Hamilton* en Broadway.

Afuera es un caos: una fila de gente rodea el edificio, esperando con nerviosismo para entrar y con la esperanza de que sus boletos de más de 500 dólares que compraron en StubHub sean legítimos. Dentro, el teatro es peor. Caos completo y organizado es un término generoso. Pero a nadie parece importarle que la fila para el baño sea de 100 personas y el costo de una copa de cava de plástico sea de 18 dólares.

Con alegría, mil 319 personas encuentran el camino a su asiento que tiene menos espacio para las piernas que la más barata de las aerolíneas, pero el aire se llena de entusiasmo cuando se preparan para una experiencia única en la vida.

Mientras tanto, detrás del escenario, el elenco se prepara para el show. Admito que nunca he estado detrás de un escenario en Broadway, pero apostaría que la energía es menos angustiante que la de la audiencia. Piénsalo, los actores van al teatro seis días a la semana, a veces haciendo dos funciones al día. Se ponen el mismo vestuario. Cantan las mismas canciones, palabras y notas. Cada función, caminan al mismo lugar en el escenario de la misma forma.

No sé tú, pero a veces me angustia un poco la monotonía natural de la vida adulta, haciendo las mismas cosas un día tras otro. ¡Imagina si ése fuera tu trabajo! ¿En qué momento te enloquece un poco? ¿En qué momento te preguntas cuál es el punto de todo eso? ¿En qué momento quieres cantar una canción diferente o contar una historia diferente?

Cuando se trata de tu historia de la fundación, es muy parecido a Broadway. Con el tiempo te cansarás de cantar las mismas notas, de contar siempre la misma historia. Y como no estás atado en una unión con actores, y la siguiente línea de un personaje no depende de ti, te verás tentado a cambiarla, a no contar la historia, a hablar sobre nuevos desarrollos emocionantes o nuevas estadísticas. ¡Algo nuevo! Cualquier cosa que no sean las mismas notas que estás cansado de cantar.

Pero en esos momentos, piensa en esos actores en Broadway. Y como, aunque las líneas siempre sean iguales, entienden que su interpretación no se trata de ellos. No es para ellos. Esos actores pisan el escenario cada noche para contar la historia ante mil 319 personas nuevas sentadas en el Teatro Richard Rogers, entusiasmadas por ver *Hamilton* por primera vez.

Justo como un actor en Broadway o un predicador desde el púlpito que tiene el mismo material de trabajo desde hace 2 mil 700 años, puede que te sientas cansado de tu historia de vez en cuando. Cuando eso pase, cambia tu enfoque de ti a ellos.

Sí, la historia es sobre ti, pero contarla no. Tal vez se escuche anticuada para ti, pero para la persona que la oye por primera vez, es tan nueva como el día que ocurrió y tu audiencia amará escucharla.

Trampa 3: Pensar que no puedes contar la historia de la fundación porque tú no eres el fundador

Entiendo que este capítulo está dirigido a los fundadores de compañías, los emprendedores, las personas que iniciaron todo. Pero sería negligente si no reconociera que hay grandes posibilidades de que tú no seas el fundador. Hay probabilidades de que seas un miembro comprometido del equipo o líder de la causa quien, aunque no fuiste responsable de fundar la compañía, estás conectado con la historia de la fundación y entiendes la importancia de contarla.

Para ti, tengo algo que decir: cualquiera puede contar una historia de la fundación. ¡Y espero que todos lo hagan! Incluso si no fuiste tú quien inició todo, incluso si eres el empleado 3 mil 304, si conoces la historia de la fundación, tienes mi permiso (bueno, mi petición) para contarla. Éste es el secreto: la historia es la misma, sólo la transición de la historia cambia un poco.

En vez de decir "nunca olvidaré el día que inicié la compañía" (que es una forma muy áspera de comenzar una historia de la fundación en primer lugar, pero sigamos con eso), comienza tu historia con: "Recuerdo el día que escuché la historia sobre cómo empezó todo aquí en XYZ". Luego cuenta un poco sobre las circunstancias de cuando escuchaste la historia. ¿Fue durante tu entrevista? ¿La leíste en línea por adelantado?

Luego di: "La historia, como me la contaron, comenzó..." Y luego haz la transición a contarla como se hace por lo general, pero en vez de contarla en primera persona (*sentí* esto, *hice* esto), usa la tercera persona (*él* sintió esto, *ella hizo* esto).

Al final, cuando termines de contarla como se suele hacer, añade una línea o dos sobre tu experiencia para unir todo. Algo como: "Cuando escuché la historia supe [inserta un pensamiento importante y relevante] y espero que ustedes también sientan eso". ¡Listo!

Las historias de la fundación necesitan tantas voces que las cuenten como sea posible. Nunca dejes que el hecho de no haber iniciado todo te impida contar la historia de cómo ocurrió.

Trampa 4: Dejar que el fundador reacio acapare la historia de la fundación

Recibí un correo electrónico de una mujer después de dar una conferencia. Ella trabajaba en el departamento de publicidad de una compañía con una gran historia de la fundación y estaba desesperada por contarla.

¿El problema? El fundador no la dejaba.

Si esto te suena familiar, déjame empezar diciendo que... lo siento por ti.

Puede ser un reto cuando no eres el fundador y hay una gran historia de la fundación que contar. Pero a diferencia de la sección previa, en vez de averiguar cómo contarla, estás batallando por contarla.

Esto es común. Los fundadores, en particular los que pertenecen a generaciones anteriores a la generación X, con frecuencia son renuentes a compartir su historia. Las razones van desde la creencia de que la principal figura de una compañía hablando sobre cómo inició la empresa es anticuado y autoglorificarse (que es cierto, si se hace mal, una historia de la fundación puede verse rígida, bloqueada, incluso cursi) hasta insistir que la historia no es sobre ellos sino "la gente, la compañía y los clientes".

Me encogí físicamente mientras escribía esa última oración.

Cuando un fundador te da una de esas razones para no compartir la historia, no importa lo que hagas, *no* lo aceptes. Porque, aunque suenen como razones muy nobles para no contar la historia, son irrelevantes.

Primero, si sigues el formato señalado en este libro, si incluyes los componentes esenciales (emociones genuinas, la esperanza, decepción y todo lo que has aprendido hasta ahora), la historia no será para engrandecerse y vanagloriarse, será entrañable. La gente quiere hacer negocios con personas y escuchar la historia de la fundación les recuerda que detrás de la página de internet, de la publicidad, del precio en la etiqueta, hay una persona real que empezó todo.

Puede tomar algo de tiempo y persuasión. A veces se necesitan varios intentos y esfuerzos significativos para sacar al fundador de argot empresarial común: "Creemos en la excelencia e integridad… bla, bla, bla". Pero te aliento a seguir trabajando en eso. Sigue buscando momentos que funcionen como explosión en la historia. Y cuando los encuentres, escribe su historia. Recuerda, nuestras narraciones no suenan a historias para nosotros. Suenan como la vida. Tu historia de la fundación no va a sonar como una historia para ellos, ellos sólo se darán cuenta de que hay algo hermoso después de contarles la historia.

Y eso, debo decirlo, es uno de los mayores honores en ser narrador de alguien más. Ese momento en el que le cuentas su historia y ellos ni siquiera sabían que estaba ahí.

LA HISTORIA DE LA FUNDACIÓN: ANÁLISIS DE LOS COMPONENTES

Ya sea que estés buscando capital, asegurar más clientes y consumidores o reclutar tu equipo soñado, contar una historia es la solución.

Y no cualquier historia. Una historia de la fundación.

Por suerte, cuando incluyes los componentes esenciales de la narración, esta historia se escribe casi sola. Echemos un vistazo a cómo los cuatro componentes se ven en el contexto de la historia de la fundación.

Personajes identificables

En su centro, la historia de la fundación, como ya lo habrás adivinado, gira alrededor del fundador. Está diseñada y contada para posicionar al emprendedor como el capitán correcto para el barco de esta idea. Así que cuando se trata de personajes identificables, podría parecer obvio que el fundador es él. Poner al fundador en el centro y al frente es la única manera en que llegamos a conocerlo, a creer en él y apoyarlo.

Obvio.

Pero aquí es donde fallan muchas historias de la fundación.

Hace unos años un fundador se acercó a nuestro equipo porque deseaba contar la historia de su compañía. Tenían todo lo que podrías querer: pasión por su trabajo, un compromiso genuino para crear productos y servicios de calidad y, como glaseado de pastel, les frustraba que otras compañías les dieran una paliza en ventas y equidad social con productos inferiores.

Estábamos muy entusiasmados con este proyecto por muchas razones, pero en particular porque sospechábamos que éramos una gran historia de la fundación a punto de ascender del ruido conocido. En mercados muy saturados como éste, donde todos dicen casi lo mismo, con el tiempo adecuado, una historia de la fundación bien ejecutada puede elevar a la marca de manera poderosa.

Por desgracia, el final de esta historia no es feliz.

Después de semanas de entrevistas, borradores y revisiones, estábamos paralizados. ¿El problema? El fundador no quería que hubiera personas en la historia.

El primer borrador era una clásica historia de la fundación con el fundador como personaje identificable (como debería de ser). Rechazó esa versión, diciendo que no quería que la historia girara alrededor de él. En otra versión, en un esfuerzo por trabajar de manera creativa alrededor de este obstáculo, nos enfocamos en un personaje diferente y usamos otros componentes para tener acceso a ese ambiente esencial y ganador de presentaciones de una historia de la fundación. También lo descartó. Al final, no quería que hubiera gente en la historia. Quería que la historia fuera sobre "compromiso con la excelencia" y "mejores ingredientes" que, como habrás adivinado, era con exactitud lo que decía su competencia.

La gran fortaleza de una historia de la fundación es que un personaje identificable es una victoria fácil. Y dado que la gente, inversionistas, consumidores, talento potencial, quieren trabajar con gente y no compañías sin rostro, tener un personaje como el fundador es un ganar-ganar.

Por desgracia, mi equipo y la compañía no pudieron llegar a un acuerdo y se dividieron los caminos. Te diría quiénes son, pero en realidad no importa, porque nunca has escuchado de ellos.

Emoción auténtica

Como aprendimos de nuestra investigación, incluir emoción en tu historia es esencial para hacerla más cercana, fascinante e impactante. Sólo detallar el orden en que ocurrieron las cosas no conectará con la audiencia en ninguna manera significativa.

Cuando se trata de la historia de la fundación, tu primer paso para añadir emoción es considerar lo que le interesa a la audiencia a la que va dirigida. ¿Qué quieres que sienta o sepa como resultado de escuchar la historia? Aquí hay algunos ejemplos.

Lo más importante para los inversionistas es saber si puedes sobrevivir o no a las pruebas y tribulaciones que vienen al iniciar una compañía. Quieren saber que puedes manejar la adversidad, que no eres ingenuo, que has sentido el sabor de la derrota y regresado con más determinación. Cuando prepares tu historia para inversionistas, incluye alguna de las emociones negativas que experimentaste: frustración, traición, duda. Ellos deben saber que has sentido estas cosas y las superaste.

Dicho eso, la clave en la historia de la fundación para inversionistas es equilibrar esas emociones negativas con las emociones positivas que crecieron de ellas: determinación, alivio, orgullo. El contraste de estas emociones hace que una historia de la fundación sea genial.

A los consumidores les interesa más tu conexión con el producto, el servicio y tu compromiso de crear una mejor vida para ellos. Les importa que seas humano, que detrás del logo y la etiqueta hay una persona con sueños o una solución. Esto no es diferente a contar tu historia a inversionistas. Incluye cómo se sintió sobrevivir a los altibajos de crear la compañía.

Con una ligera diferencia: cuando cuentes la historia a posibles consumidores, incluye las emociones que te guiaron a crear la solución en primer lugar. ¿Qué te frustraba? ¿Con qué problemas lidiabas? Los fundadores de Airbnb no podían pagar la renta y buscaban una solución para llegar a fin de mes. El miedo de no pagar los gastos básicos es real para muchos clientes de Airbnb que rentan sus espacios. Incluir esa parte en su historia de la fundación resuena en clientes que buscan tener ingresos adicionales y nunca se habían dado cuenta de que lo podían conseguir con los espacios que no usaban en casa.

Al talento nuevo le interesa más tu pasión por tu trabajo. Quieren un fundador que sea comprometido, entusiasta y ame lo que hace. La pasión es contagiosa. Cuando cuentas la historia de la fundación a los miembros de un equipo nuevo, debes incluir amor, el tipo de amor que brilla en los ojos de un padre nuevo o de una mujer que acaba de conocer al amor de su vida. En vez de "el chico conoce a la chica" es "el fundador crea la compañía".

Claro, ninguna de estas emociones es exclusiva. Inversionistas y consumidores quieren saber que tienes pasión por lo que haces, el talento nuevo quiere saber que has enfrentado retos y sobreviviste. Tu historia de la fundación debe ser consistente y rastros de tus emociones deberían ser parte de la historia sin importar la audiencia. Pero si quieres llegar más a uno que otro, es un movimiento de profesional.

Un momento

El componente más fácil de pasar por alto en la historia de la fundación es el momento. Muchos fallan al identificar un punto, lugar o momento específico y, en su lugar, hacen una alusión equivocada al tiempo en general. Para evitar este error innecesario, cuando escribas tu historia, incluye un momento específico, como sentarte en tu escritorio por primera vez, ver llegar la primera orden por internet o voltear el letrero en la puerta de "cerrado" a "abierto". Di algo como, "nunca olvidaré el día…" o "nunca olvidaré la primera vez…" o "recuerdo cuando…" como una forma de introducir el momento. Incluso algo tan simple como una fecha, un día de la semana o el clima satisfará la necesidad de un momento de la audiencia.

Detalles específicos

Como lo discutimos, los detalles son específicos de la audiencia. Dependiendo de lo que sabes sobre la audiencia a la que contarás tu historia de la fundación, incluirás diferentes piezas para ayudarlos a conectar su experiencia con la tuya. Confía en detalles universales. Si tus consumidores son padres primerizos, incluye una referencia específica con la que se identifiquen. Si tu público es talento nuevo, incluye un detalle específico sobre qué se siente ser parte de algo que en verdad te importa.

Por último, lo que hace que una historia de la fundación sea por naturaleza familiar es la realidad de ser humano. No es sobre números, participación en el mercado, logos y estrategias en redes sociales. La fundación de una compañía es sobre una persona en un camino. Ya sea el camino que hacemos, el que escogemos o el camino que estaba ahí en su momento, el recorrido es de lo que se trata ser humano.

NO HAY SEGUNDAS OPORTUNIDADES

Para finalizar, el poder de una historia de la fundación es su habilidad de humanizar el negocio que el fundador comenzó. Recordar a la gente que detrás del edificio, logo o estado de cuenta hay una persona que lo empezó todo. Sin importar si eres el fundador o si trabajas para una compañía cuya historia es increíble, espero que escojas esta historia como tu forma inicial y predeterminada de presentarla. En vez de liderar con hechos, cifras o información, la historia necesita comenzar con la gente detrás de la compañía.

Después de todo, si no inicias ahí, con frecuencia no tendrás una oportunidad de regresar ahí para nada.

Con excepción del caso del artista de vidrio en la expo de 2013 en Las Vegas. ¿Recuerdas? El que me dijo en qué año comenzó la compañía y que los tazones de vidrio eran, de hecho, platos decorativos (gracias, capitán Obvio). Se enteró de que yo era una narradora cuando me estaba alejando de él y trató de llamarme de vuelta porque tenía una gran historia para contar.

Reconociendo la oportunidad de una narración, regresé al stand al día siguiente. Y esta vez me contó la historia.

Sus padres querían que fuera abogado. No estaban encima de eso todo el tiempo, pero siempre había una presión sutil para que siguiera la carrera de derecho y todo se resumía en: prestigio, seguridad, dinero. Pero la verdad, el hombre siempre supo que era un artista. Era más feliz cuando estaba creando cosas, dándolo todo en sus aspiraciones artísticas. Sin embargo, no queriendo decepcionar a sus padres, se encogió de hombros porque sabía que era un cuento clásico, fue a la escuela de derecho y obtuvo un trabajo en un despacho local. Le iba bien. Le iba muy bien de hecho. Era muy bueno. Pero lo odiaba. Largas horas, trabajo sin alegría. Detestaba cada minuto.

Para compensar la miseria, recurrió al crimen.

Sonrió mientras dejaba que analizara esa declaración. Digo, sé que no se debe juzgar un libro por su portada, pero este sujeto de voz suave, de mediana edad y con cabello rizado y plateado, con lentes inocentes y una sonrisa amable no daba pinta de criminal.

Su crimen: robar chatarra y vidrio descartado.

En el camino de vuelta a casa de la oficina cada noche pasaba por un depósito de manufactura de vidrio. Dado que trabajaba tantas horas y salía de la oficina para regresar a casa pasadas las horas laborales, la compañía de vidrio siempre estaba cerrada. Y los contenedores de basura sin vigilancia. Así que cada noche el hombre paraba y buscaba en la basura de la compañía para sacar pedazos de vidrio que habían tirado. Los llevaba a su garaje y trabajando hasta altas horas de la madrugada, se enseñó a hacer las piezas que veía en la vitrina.

"Y ahora esto es lo que hago." Contempló el stand con una mirada sutil en el rostro que me recordó a un padre presentando a su hijo con cierto orgullo y satisfacción. Una mirada que no estoy segura si su padre le dio, pero una mirada que hizo que no importara.

"Gracias —le dije—. Gracias por compartir esa historia conmigo."

"Gracias a ti por regresar a escucharla. Ya la había olvidado."

Una de las historias que se olvidan con más facilidad es la de la fundación, porque entre todo el demás drama que se requiere para despegar una compañía, es fácil perder esta historia. Cuando se trata de negocios, las historias no suenan con frecuencia a historias, sólo suenan como parte del comienzo de una vida. Pero ignorar la historia de la fundación significa perder una poderosa oportunidad de conectar con inversionistas, de diferenciarte de la competencia y asegurar talento para un equipo próspero. El artista me pidió que regresara para escuchar su historia y lo hice. Pero lo más frecuente es no tener una segunda oportunidad.

Con el tiempo, los fundadores exitosos como los de Airbnb se transforman en más que eso. Sus pequeños negocios crecen en algo más grande, algo con vida propia. Más consumidores llegan. Más empleados. Dos sujetos en un garaje se convierten en gigantes de la tecnología. Tres colchones inflables en el piso se convierten en cientos de miles de camas alrededor del mundo. Lo que una vez fue una startup pequeña, ligera, impredecible... se convierte en una organización.

Cuando eso pasa, la transición de los fundadores también. Sí, ellos siempre serán los fundadores, pero ahora son algo más: son líderes.

Y eso, como ellos lo dicen, es una historia muy diferente.

6

La historia del propósito

Cómo grandes líderes usan historias para alinear e inspirar

> Las historias constituyen el arma más
> poderosa en el arsenal de un líder.
> HOWARD GARDNER, Universidad de Harvard

Era julio de 2008.

Más de 200 vendedores de todo el mundo se reunieron en el salón de un hotel para aprender sobre nuevos productos, obtener nuevos conocimientos en ventas y festejar su éxito. Siempre era lo más destacado del año: una gran fiesta, mucha diversión y entusiasmo. Y este evento no sería diferente, excepto...

Lee la primera línea de nuevo.

Era julio de 2008.

Cualquier persona en ventas, en particular los que dependían al cien por ciento de comisiones, diablos, cualquiera en Estados Unidos te dirá que 2008 no fue un año para festejar. ¿Un año para consolar? Sí. ¿Un año para hacer recortes? Sí. ¿Pero un año para festejar? Déjame preguntarte, ¿qué tan bien crees que se vería un feliz baile en un funeral? Exacto. Ése fue 2008.

Y aunque la realidad de 2008 fue dolorosa para todos, fue complicada en particular para un miembro del equipo ejecutivo, un hombre que ya conoces, mi ahora esposo Michael. Desde 2002 ha trabajado tras bambalinas para una compañía como asesor financiero. Trabajó sin descanso, como hicieron quienes se dedican a las finanzas, para mantener los libros de la compañía en orden mientras navegaba el paisaje financiero tumultuoso. Michael era bueno en su trabajo, tan bueno que los dueños decidieron darle un puesto más importante. ¿Por qué mantener esta arma secreta en secreto?

Mientras la bola bajaba, marcando el final de 2007 y el comienzo de un año nuevo, el rol de Michael cambió y su fiesta de bienvenida oficial estaba programada para julio de 2008, en el evento anual de ventas. Y ahí estaba con 30 minutos para presentarse como líder emergente y entregar un tipo de informe de gobierno.

Para los dueños, ésta era una oportunidad para su nuevo líder de causar sensación y mejorar la fuerza de venta del próximo año.

Para Michael, era un terrorífico campo minado de problemas.

Cuando las cosas van muy bien, este tipo de discurso es fácil. Los intereses son bajos y la moral alta. Cuando diriges una organización próspera en una economía en auge, puedes levantarte y tomar un megáfono y decir algo como: "¡Estoy muy feliz de estar aquí!" "¡Ustedes son los mejores!" "¡Lo hicieron increíble el año pasado y lo haremos el doble de increíble este año!" En esencia, puedes hacer el discurso equivalente a la seña de dos pulgares arriba, un chócalas y bajar del escenario para una ronda de aplausos.

Pero en este caso el mercado estaba cayendo, el cielo estaba cayendo y Michael estaría dirigiendo, si bien no una tripulación en un barco hundiéndose, al menos sí una tripulación muy hostil y ansiosa. Un gesto de festejo con el puño habría tenido más probabilidades de iniciar una pelea que cualquier aplauso.

Michael conocía mejor que nadie los retos que enfrentaban. Después de todo era un hombre de números. Ya había determinado que un discurso de "vayan por ellos" no sólo habría sonado vacío, habría hecho más daño que beneficio. Con la compañía enfrentando aguas turbulentas, necesitaba conectar con una audiencia escéptica e insegura a un nivel profundo.

No necesitaban un discurso tipo informe de gobierno o rutina de porristas. Necesitaban una historia.

Una historia real, cruda y auténtica.

Una historia que les diera una razón para quedarse, para seguir, para no renunciar, aunque todo apuntara a la necesidad de brincar del banco.

Michael necesitaba una historia del propósito.

LA HISTORIA DEL PROPÓSITO

Un repaso rápido: hay cuatro tipos principales de historias que llevan al éxito empresarial. Hasta ahora hemos examinado la historia del valor, que describe cómo tu producto o servicio impacta al usuario. El segundo es la historia de la fundación, usada para aumentar la fe de los inversionistas en la persona que creó la compañía. Esas dos historias casi siempre son las primeras en contarse en los negocios, son las primeras cosas que cobran vida en un negocio. De modo invariable, empresarios y el valor que tratan de traer al mundo son las primeras paradas en la travesía empresarial.

Pero conforme un negocio crece, siempre pasa una cosa: llega gente nueva. Empleados, contratistas, trabajadores eventuales e

independientes comienzan a llenar las filas del negocio en crecimiento. Esas personas nuevas son fundamentales para crecer una
compañía. Más allá de cierto tamaño, no hay forma de crecer sin
más gente. Pero gente nueva también implica un problema: ellos
no son el fundador. No tienen las mismas habilidades, no los guía
la misma motivación y, con frecuencia, no entienden con claridad
qué hace la compañía o por qué.

Alinear lo que con el tiempo puede formar un pequeño ejército e inspirarlo a actuar cada día es una tarea abrumadora pero
fundamental, una en que los líderes serían sabios al recurrir a una
historia para hacerlo. La historia del propósito ofrece a los miembros de una organización establecida una razón para presentarse
cada día. Comprometerse, cooperar y lograr algo juntos.

PROPÓSITO SOBRE GANANCIA

¿Recuerdas a Paul Zak? El sujeto de la oxitocina que nos enseñó
la importancia de la confianza y la reciprocidad. Él observó: "Sabemos que la gente está más motivada de manera sustancial por
el propósito trascendental de su organización (cómo mejora vidas) que por su propósito transaccional (cómo vende bienes y
servicios)".[47]

Propósito trascendental contra propósito transaccional. Al final
del día, la gente en tu organización puede estar emocionada por
lo que vendes, pero estará más emocionada sobre el porqué. Eso
encuentras en el corazón de la historia del propósito y la forma en
que los líderes pueden cerrar la brecha para sus equipos.

La investigación sustenta esta idea. Las compañías que tienen
un propósito declarado que no sea sobre el dinero y se alinean
con eso obtienen más ganancias con el tiempo. Puede parecer

contradictorio, pero en la ausencia de un propósito, la ganancia interviene para llenar el vacío.[48]

Piensa en los zapatos Toms con su estrategia compra-uno-regala-uno. O los calcetines Bombas con la misma promesa. O Warby Parker dando tanto como venden. Reflexiónalo. Si una compañía de calcetines, una de zapatos y una de lentes pueden estar salvando el mundo un pie y un ojo a la vez, ¿qué te dice eso sobre los humanos y los negocios?

De verdad necesitamos un *porqué* en nuestra vida.

Parte de nuestra necesidad de propósito está programada en nuestro interior. Tenemos un hábito casi inevitable como humanos de querer darles un significado a las cosas. Desde una perspectiva evolutiva, orientarnos por metas y propósitos es una ventaja. Vagar sin rumbo *versus* cazar y recolectar, por ejemplo, ofrece resultados muy diferentes. Ambos implican caminar, pero con el primero, mueres de hambre.

Estamos programados para querer un propósito y dar un significado a las cosas. Es parte de por qué las historias importan, pero también de por qué el propósito importa tanto en el trabajo. En un vacío, daremos un significado donde no existe ninguno. Hacemos lo mismo en el trabajo. La gente quiere un propósito. Si no le das uno, lo inventará. Cuenta tus historias primero, de otro modo alguien podría contarlas por ti y podría no gustarte la versión.

EL PROPÓSITO DEL PROPÓSITO (HISTORIA)

Uno de los tipos de historias más versátiles, las historias del propósito, pueden cerrar todo tipo de brechas internas en la compañía. En su centro, las historias del propósito tratan de alineamiento e inspiración intrínseca. Y mientras más grande sea una organización, más importan esas dos cosas. Juntas, alineamiento e inspiración crean un propósito y necesitas ambos para tener progreso. Por fortuna, una historia del propósito puede alinear equipos en una variedad de formas y por múltiples razones.

Alinearse alrededor de una meta o iniciativa

Investigadores han estudiado por mucho tiempo los efectos de la narración como medio por el que los humanos se conectan y organizan su entendimiento del mundo. Recientemente investigadores quisieron explorar el impacto de la narración dentro de un equipo: en particular, el impacto de una historia en el modelo mental de un equipo y la manera en que los miembros entienden información relevante. Más alineamiento significa procesos de equipo mejorados y un mejor desempeño.[49] En resumen, los investigadores querían determinar si los equipos funcionarían mejor, resolverían problemas de manera más cohesiva y colaborarían en formas más eficientes si las historias fueran parte del proceso de preparación.

Para probar esto (y otras hipótesis), los investigadores dividieron a las personas en grupos de tres e hicieron que participaran en una serie de simulaciones en línea donde a cada miembro se le asignó un rol como policía, bombero o trabajador de materiales peligrosos. Las simulaciones eran una parodia de una situación de crisis en la que los miembros del equipo tenían que dirigir "la liberación de un químico que se transmite por aire en el campus".[50] Los miembros del grupo tenían que trabajar juntos para resolver el problema de manera eficiente y efectiva.

Para probar los efectos de la narración, la mitad de los equipos vio un video de enseñanza que incluía una historia sobre un accidente en un laboratorio químico y un estudiante que tenía una herida de gravedad porque el equipo de respuesta no estaba coordinado. Los grupos de control vieron un video que sólo hablaba de la importancia de colaborar y de la elección de momentos justos, pero no incluía una historia para ilustrar la importancia de estos puntos.

Al final, los equipos a los que se les contó la historia eran "más similares en sus puntos de vista sobre cómo se debió resolver el problema que los equipos a los que se les dio el mensaje en un formato sin historia".[51] El uso de historias fue la estrategia más efectiva para poner a todos en la misma página.

Los resultados del estudio no son sorprendentes. La narración, como método para unir, aclarar y motivar equipos de personas, se ha usado por años y para diferentes metas e iniciativas dentro y fuera de los negocios.

Estaba sentada en una habitación de hotel en Filadelfia la tarde del jueves cuando se llevaron a cabo las elecciones legislativas intermedias de 2018. Pedí servicio a la habitación, me senté en la cama y, por curiosidad, cambiaba el canal entre las dos mayores estaciones de noticias de los diferentes partidos. Y aunque los comentarios sobre cada nominación eran totalmente opuestos dependiendo de si un resultado era rojo o azul, una cosa era idéntica: ambos bandos repetían las historias que varios candidatos contaron durante sus campañas. Ambos lados reconocían el poder de las historias que se contaban y la ausencia evidente cuando una historia no se contaba.

Claro, los empeños políticos sólo son una forma en que se usan las historias para alinear y motivar. Pienso en un equipo que va a los vestidores en el medio tiempo estando muchos puntos abajo en el marcador y la historia que el entrenador debe contar para inspirar una victoria. Pienso en los cientos de perfiles de GoFundMe que he leído cuyas historias están hechas para inspirar donaciones para que los sueños cobren vida. Recuerdo un taller que impartí donde la principal meta de la compañía era asegurarse de que los miembros del equipo siguieran un protocolo de seguridad y cómo compartir historias de los momentos devastadores cuando el protocolo no se seguía ayudó a que el equipo estuviera comprometido con la meta.

Si tienes un equipo que unir y, por cualquier razón, estás batallando para conseguirlo, una historia del propósito es el puente que buscas.

Alinearse alrededor de un tema sensible

Hablé en la convención nacional de ventas de una gran compañía de tecnología. Mi sesión estaba agendada para media mañana, pero llegué a la sala de conferencias antes para sentarme y ver otras presentaciones, en concreto, las de los directivos de la compañía. Encontré un asiento en la sala llena y tomé lugar justo cuando el vicepresidente de ventas subió al escenario. Es obvio que era muy respetado. Inició su discurso con una historia.

Nos contó que su hija mayor estaba a punto de graduarse de preparatoria y tenía una sensación de que sus días de compartir sabiduría paternal estaban por terminar. Así que decidió fijar una noche especial para ellos dos. La audiencia reía con el desarrollo de los eventos. Su hija escogió el restaurante más caro de la ciudad. La primera vez que bajó las escaleras, él hizo que se cambiara porque su vestimenta era inapropiada para el restaurante que ella había escogido. Contó que la chica se burló de la canasta del pan y apenas tocó su cena, murmurando algo sobre querer entrar en su vestido de graduación.

Decidido, continuó con su plan de conceder su sabiduría. "Aunque hice un pequeño ajuste a eso, en vez de conceder *toda* mi sabiduría, sólo concedería una pieza de ella." La audiencia reía con él, empatizando con el pobre y despistado padre. Tan pronto como el mesero quitó el aperitivo, el hombre le dijo a su hija la importancia de poner atención a los detalles.

—En todas las cosas —dijo—. En tus clases. En tu estudio, trabajo, amistades… en tus relaciones románticas —la observó y ella ni siquiera trató de esconder su desinterés. Pero él perseveró.

Veinte minutos de "poner atención a los detalles" después y todavía no obtenía una reacción de su hija. Por fin hizo una pausa.

—Cariño, ¿soy yo, o ni siquiera me estás escuchando?

Ella le lanzó una mirada inexpresiva.

—Estoy tratando de pasarte… —se escuchó y corrigió—. Estoy tratando de enseñarte lo importantes que son los detalles, ¡los detalles en verdad importan! —no podía esconder su agitación—. ¡Y siento que ni siquiera te importa!

Se detuvo.

Ella lo miró.

—Bueno, di algo —dijo alzando las cejas.

—En verdad es difícil tomarte en serio, papá —respondió volteando los ojos—, cuando hablas de lo importante que es poner atención a los detalles, pero estás usando dos calcetines diferentes —hizo una pausa—. Sólo digo.

La sala de conferencias estaba en silencio, la audiencia compartía de manera colectiva el dolor de caer de un caballo santurrón. El vicepresidente sonrió con timidez y admitió que su hija tenía razón y, lo más importante, que la compañía era culpable de un pecado similar, diciendo una cosa y haciendo otra. "Entiendo que a veces nuestra casa puede parecer dividida, que está la oficina corporativa y ustedes, nuestros dedicados representantes de ventas. Y que nosotros en los cuarteles generales con frecuencia damos mensajes mezclados. Los sermoneamos con la importancia de profundizar la relación con los clientes actuales, pero después sólo los premiamos cuando traen nuevos." Incluso en la oscura sala, vi a los vendedores intercambiando miradas.

"Quiero disculparme por eso —dijo—. Y prometer que, en el futuro, seremos más consistentes, lo que digamos también será lo que hagamos."

"Y en cuanto a mi hija —sonrió—: Algo me dice que estará bien en la universidad. Con o sin mi sabiduría."

No podía creerlo. Era una historia del propósito ejecutada a la perfección. No muy dramática, pero sí cercana e ilustraba el punto de manera perfecta. Seguro, se pudo haber parado en el escenario y hablado sobre iniciativas de la compañía o dicho: "Estamos comprometidos a escucharlos más". Pero como Michael, en la historia al principio de este capítulo, esas palabras son de alto riesgo por sonar vacías y trilladas.

En vez de eso, este directivo escogió una historia para ayudar a enmarcar una conversación incómoda. Al contar sobre otra situación en la que se dio cuenta de sus errores, la audiencia estaba abierta a escuchar el mensaje como un todo.

Alinearse alrededor de lo que eres en realidad

Sodexo ama la comida.

La división culinaria del gigante en servicio alimenticio quiere que sepas eso. Bueno, sí, quiere que *tú* sepas eso, pero en realidad quiere que sus clientes y posibles consumidores lo sepan. Y cuando reclutan más chefs para sus cocinas alrededor del mundo (desde oficinas corporativas hasta hospitales y demás) quieren que sepan que Sodexo comparte su amor y pasión por la comida.

El problema, claro, es que sólo decir "tenemos pasión por la comida" o "amamos la comida" no es suficiente. Sodexo quiere que la gente sienta su amor. Quieren mover a las personas. Quieren que no haya dudas de que, cuando se trata de comida, Sodexo es más que lo que se ve en las hojas de pérdidas y ganancias. Sodexo ama la comida.

¿Cómo comunicar este propósito que los mueve?

Tal vez ya lo adivinaste. Contando una historia del propósito.

La historia llegó a nosotros en un taller de narración en 2016 y más adelante fue escrita, desarrollada y convertida en un video corto por el talentoso equipo de LittleFilms, con base en Seattle, en 2017.

Durante el taller, la audiencia de 100 personas se dividió en equipos más pequeños, cada grupo fue responsable de encontrar y crear una historia que pudiera ilustrar algunos de los mensajes más importantes sobre lo que es en realidad el excelente equipo culinario. A un grupo le tocó abordar el concepto del amor a la comida. Después de barajar varias ideas, un hombre, un chef, contó una historia de su amor a la comida.

Recordó la casa llena de familia, sus padres, tíos y primos, cuando era un niño de ocho años en Nueva Delhi. Tanta gente yendo en diferentes direcciones. Era ruidoso, caótico y lleno de alegría. Cada noche se sentaban todos a la mesa para comer. Durante esa hora compartían historias del día, platillos y sueños diferentes.

Viendo hacia atrás, pensó en esas experiencias, esas comidas con su familia; tal vez eran la razón por la que se convirtió en chef, pero no por las razones que podríamos pensar.

Cuando cumplió 13 años, todos comenzaron a mudarse. Las comidas, las historias, todo cambió. Después de eso se obsesionó con aprenderse las recetas de aquellos días, esos platillos que tenía de joven sobre la mesa en Nueva Delhi. Pero aunque podía recrear la comida, nunca supo igual.

No fue hasta ahora que entendió por qué.

Porque ahora, en los días que se toma un momento para observar su trabajo, ve algo que le parece familiar: mucha gente yendo en diferentes direcciones pero que se detienen a comer, chefs riendo, trabajando, cocinando, una escena ruidosa y caótica llena de alegría. De repente, está de regreso en Nueva Delhi, de regreso en la mesa, cenando con su familia.

Entonces se dio cuenta de por qué, después de muchos intentos, no había recreado las memorias a través de las recetas.

Porque la comida era más que ingredientes. El amor por la comida viene por el tiempo compartido. De gente que comparte historias y sueños. Hubo una época en la que pensó que ser chef se trataba de crear comida. Hoy, sabe que ser chef es crear una experiencia y eso logra cada día en Sodexo.

Cuando Raj, el chef, compartió esa historia frente a todo el grupo en el taller, no quedó un ojo seco, incluidos los míos. Y aunque el humor de todo el día había sido positivo y alegre, hubo un cambio notable después de su narración (un orgullo más profundo, un significado más grande a lo que todos estaban haciendo ahí).

Sí, todos sabían con su cerebro que Sodexo amaba la comida. Pero hasta que escucharon la historia de ese chef sintieron lo que eso significaba. Y se conectaron con eso. Y se sintieron vigorizados. Después del taller recibí muchas felicitaciones y elogios de gente que estuvo en la sala, pero yo sabía que esa historia y las otras que se compartieron (no las seis horas de contenido que impartí) hicieron de ese taller el evento satisfactorio, lleno de propósito, que resultó ser.

Una sola historia del propósito tiene la habilidad de unir equipos enteros de personas y reconectarlas de manera más profunda con su trabajo.

LA CLAVE PARA UNA HISTORIA DEL PROPÓSITO EXITOSA

Cuando se trata de contar una historia del propósito exitosa, hay una cosa que importa más que cualquier otra, más que los componentes, más que los detalles que incluyes. Las historias del propósito viven o mueren por qué tan bien, qué tan fuerte apoyan un mensaje específico. La historia del propósito depende de, primero, la claridad del mensaje y, segundo, con qué claridad ilustra el mensaje.

En otras palabras, todas las historias del propósito empiezan con esta pregunta esencial: ¿qué punto quiero abordar? Dicho de otra forma: ¿qué quiero que mi audiencia sienta, piense, sepa o haga como resultado de escuchar esta historia?

La respuesta a esa pregunta es tu Estrella del Norte. Es lo que te guiará cuando decidas qué historia desarrollar. Determinará qué piezas de una historia mantienes y qué piezas cortas por tiempo o relevancia.

¿Recuerdas el equipo del Centro Médico Maricopa del capítulo 2? Los que intentaban recabar fondos para su fundación que confió en historias reales y sinceras para conseguir donaciones. Bueno, antes de que comenzaran las donaciones, antes de que se sirviera la cena, el nuevo CEO tenía que dar un discurso. Se suponía que fuera un informe de la dirección del estado. Pero era el nuevo CEO de una organización que lidiaba con un poco de agitación y el discurso tenía que ser un poco más que eso. Tenía que ser una historia del propósito. Era su única oportunidad, con los principales inversionistas en la sala, para comunicar de manera real, auténtica y emotiva por qué todos debían creer, creer en él, sí, pero más importante, en la institución como un todo.

¿El punto que quería tocar? Todos deberían estar orgullosos de su organización y de lo que representa: servicios médicos de calidad que de otra forma estarían olvidados, compasión por el más vulnerable.

Con eso como nuestro norte, nos pusimos a trabajar, y con un poco de investigación encontramos la historia perfecta para conectar a los asistentes con el propósito. Cuando llegó la noche del evento y recaudación de fondos, en vez de abrir el evento con estadísticas, el CEO contó una historia.

Fue la historia de uno de sus primeros eventos como CEO, una discusión en el ayuntamiento sobre el bono que ellos esperaban que se aprobara para proveer los fondos que necesitaban con desesperación. Tuvo lugar en la sala multiusos de un edificio de la comunidad, con sillas metálicas desplegables acomodadas en filas y una mesa en el fondo con botellas de agua y galletas. Recordó ver entrar a la gente en fila, tomar asiento y, después, mientras alguien daba la bienvenida a los asistentes y él se preparaba para subir al escenario, notó algo de reojo. Un hombre arrastrando los pies que entraba a la sala.

Era claro, incluso a la distancia, que este hombre no tenía recursos. Tal vez era una persona sin hogar. El CEO no estaba seguro de que tuviera la intención de asistir a la reunión o sólo quería saber por qué se encontraba la multitud ahí. Como sea, el hombre se arrastró hasta el frente de la sala y se detuvo justo antes de donde estaba el orador.

Ahora, en cualquier otro lado, en otro foro público, alguien del staff se habría acercado al desaliñado hombre y lo habría acompañado a la puerta susurrando algo como "este evento no es para ti" mientras todos los demás en la multitud se moverían incómodos en sus asientos, esperando que el hombre se fuera sin hacer una escena.

Pero eso no pasó en este foro.

Sí, varias personas se acercaron al hombre con rapidez, pero no para ahuyentarlo. Uno le llevó una botella de agua. Otro le llevó una silla para que se sentara. Y alguien más le llevó una servilleta con varias galletas.

Cuando el CEO llegó a esta parte de la historia, hizo una ligera pausa para que la escena se captara. La sala de posibles donadores ni siquiera soltó el aliento. El CEO continuó el discurso, mencionando algunos premios recientes, incluyendo de manera resumida el tipo de información que la audiencia esperaba en la apertura de una recaudación de fondos. Pero antes de que alguien pudiera aclarar la garganta, el CEO regresó a la historia del hombre desaliñado.

"Pienso en esa tarde en el foro. Pienso en el hombre que habría sido alejado por el resto del mundo. Pero ustedes, nuestra gente, nuestra comunidad de Maricopa, le dieron unos momentos de dignidad con algo tan simple como una botella de agua y un puñado de galletas. Y es en estos momentos en los que dejas tu legado. Gracias por un maravilloso primer año. Me siento humilde y orgulloso de estar en su presencia cada día."

Eso fue todo.

Se alejó del pódium con un tumultuoso aplauso de una audiencia que, estoy convencida, no estaba del todo segura de qué acababa de pasar. El maestro de ceremonias le agradeció y luego invitó a la audiencia a disfrutar la cena y las "galletas especiales que se colocaron en cada uno de sus asientos".

Con una historia conjuntada a un mensaje claro como cristal, el nuevo CEO unió a los pocos accionistas escépticos y el propósito general prevaleció.

UNA ADVERTENCIA

Dicho todo esto, hay otra cara en el éxito de una historia del propósito: hay poco margen de error cuando se trata de conjugar el mensaje (el punto que quieres tocar) con la historia que terminas contando.

Por naturaleza, el personaje principal de una historia del propósito (como aprendimos en la sección de componentes de este capítulo) es el líder que cuenta la historia. Lo cual está bien y es exactamente como debería de ser. Pero dado que éste es el caso y estás en alguna posición de liderazgo en la compañía o al menos tienes la oportunidad de contar una historia del propósito (¿estás entendiendo esto?), si cuentas una historia que no ilustra a la perfección tu mensaje, si cuentas una historia que deja a la audiencia pensando "¿cuál era el punto de eso?", habrás cometido el mayor crimen de la narración: contar una historia por el bien de la historia. No alinear de manera meticulosa tu historia con tu mensaje podría resultar contraproducente en formas muy perjudiciales. En vez de ser percibido como un líder inspirador, corres el riesgo de ser etiquetado como uno arrogante.

Ahora, claro, quienes odian van a odiar, pero te ahorrará mucho dolor tomar tiempo extra para asegurar que, al final de tu historia, el equipo entenderá mejor la iniciativa, misión u objetivo actual.

HACKEAR CON UNA HISTORIA DEL PROPÓSITO

Suena fácil, ¿no? Sólo clarifica tu mensaje y encuentra una historia que concuerde. ¿Cuál es el problema? Pero si lo has intentado, es mucho más difícil de lo que parece. No te desanimes si antes trataste de contar una historia del propósito y no lo lograste porque, aunque tenías el mensaje, nunca pudiste transmitirlo. Aunque no hay atajos en la vida y una comida gratis nunca es gratis, hay una forma fácil de descubrir tu historia del propósito y sacarla de las cuevas mentales en las que suele esconderse.

Una vez que tienes claro el mensaje que quieres dar, el siguiente paso es preguntarte: ¿cuándo aprendí esta lección? ¿Cuándo descubrí esta verdad?

Regresemos al vicepresidente de ventas de la compañía de tecnología que quería dar el mensaje de que algunas veces las empresas dicen una cosa, pero hacen otra y ése es un problema. Cuando se hizo la pregunta "¿cuándo aprendí esto antes?", la historia sobre su hija emergió. Para el CEO del Centro Médico Maricopa que quería que su mensaje uniera a sus accionistas con orgullo con lo que estaban ahí para hacer, se preguntó: "¿Cuándo he visto nuestro verdadero propósito en acción?" Recordó al hombre sin hogar que fue tratado con respeto.

Para Michael, el joven directivo del principio de este capítulo que acababa de moverse a un puesto en ventas durante una crisis financiera a nivel nacional, su mensaje era: "Sé que las cosas están difíciles, pero si te rindes, te arrepentirás".

¿Cuándo aprendió esta lección? En el último año de universidad, en su equipo de waterpolo.

Cuando llegó el momento para Michael de subir al escenario en la conferencia de su compañía, estaba preparado, pero nervioso. Sabía que su enfoque no sería lo que la audiencia esperaba, en especial no en una conferencia de ventas y menos de un extipo de finanzas.

Esperó a que el maestro de ceremonias lo presentara. Con nervios y todo, subió al escenario y se preparó para dar su primer discurso desde la clase de inglés en la preparatoria. Un discurso que empezaba con una historia de aquella época.

Era su primer año. Uno de los primeros días de escuela, Michael atravesaba el campus cuando un maestro lo llamó del otro lado del patio. Era el entrenador de waterpolo. Michael se dio cuenta de que el profesor le estaba hablando a él.

—Oye —dijo—, ¿qué tan alto es tu papá?

—Ah, uno noventa y algo —murmuró en la manera que sólo lo hace un estudiante de preparatoria.

—Tienes que jugar waterpolo —dijo el entrenador.

Michael expresó humildad e incredulidad mientras relataba la manera en que había sido reclutado para jugar un deporte que nunca había practicado y del que sabía muy poco. Le contó a la audiencia que el entrenador, en un esfuerzo de persuadirlo, lo llevó a un juego de campeonato universitario de waterpolo entre la UCLA y Stanford.

Michael relató cómo se sentó en las gradas y desde el frío metal de los asientos, vio a los atletas en la alberca con admiración y decidió entonces que no sólo jugaría waterpolo, sino que algún día estaría en un campeonato.

Claro, un posible campeonato universitario estaba a años de distancia, significaba que el tiempo estaba de su lado. Esto le sirvió a Michael cuando empezó a trabajar con algunos detalles menores que se interponían en su camino: no saber qué era una batidora de huevos (la patada de nado, no el aparato para cocinar) y un pequeño desagrado hacia los Speedos, por nombrar dos. Decidió no dejar que esas cosas lo detuvieran y se puso a entrenar.

Desde ese momento fue el primero en entrar a la alberca y el último en salir. Sobrevivía semanas infernales y luego iba al gimnasio para levantar pesas. También trabajaba en su estado mental. Michael era un enojón autoproclamado, así que entrenaba para manejar su temperamento y canalizar sus emociones para mejorar su juego.

Le tomó mucho tiempo y trabajo, pero con el tiempo tuvo su recompensa.

Durante el primer año, Michael se convirtió en capitán del equipo, su primera posición de liderazgo real. En el último año lo reclutaron para jugar con la UCLA. Todo iba de acuerdo con el plan.

En este punto, Michael hizo una pausa. No para hacer un efecto dramático, sino porque aquí es donde las cosas se volvieron reales. Respiró. "Cuando llegué a la universidad, las cosas cambiaron. El nivel de juego era más alto. Los chicos eran más grandes y mejores. Tenía que trabajar más duro. Tenía que ganar más peso, más músculos, más de todo."

Al principio hizo todo lo que tenía que hacer. Pero de manera gradual comenzó a caer. Ya no era el primero en la alberca, ni el último. Su atención y compromiso desaparecieron. Sabía que sería difícil. No tenía miedo de que fuera así, pero esto era más de lo que había contemplado.

Un día el entrenador lo llamó y le dijo: "Mira, tengo chicos más jóvenes que tú, más rápidos que tú y que les importa más que a ti. Necesitas mejorar o salirte del equipo".

Era el último año de Michael. Estaba harto. Así que renunció.

"Al ver atrás en el tiempo, al recordar esos días en la universidad —Michael explicó a una audiencia cautivada—, ahora me doy cuenta de que eran caídas como las de un negocio. Una parte del flujo y reflujo natural de la vida. Pero en ese tiempo no tenía la experiencia, la madurez o el buen juicio para darme cuenta de que un periodo difícil es, de hecho, una oportunidad de elevarse y salir adelante."

En este punto podrías haber escuchado un alfiler caer en la sala. Michael se movió al frente del escenario.

"Tenía 14 años cuando puse mis ojos en un juego de campeonato, viendo a los jugadores y prometiendo que un día jugaría en esa alberca."

Respiró de nuevo.

"Ahí estaba. Siete años después. Siete años de duro trabajo, de mejora constante... y por una decisión de renunciar me encontré de nuevo en las gradas, viendo a mi equipo ganar el campeonato nacional, desde los fríos asientos metálicos."

Sacudió un poco la cabeza.

La audiencia tragó saliva.

La lección que Michael aprendió ese día es una que cualquiera de nosotros necesita cualquier día, pero en ese día de 2008, fue exactamente lo que la sala llena de vendedores desanimados necesitaba.

A través de su historia, Michael les dijo a los vendedores que enfrentaban una decisión similar. Podían meterse a la alberca y entrenar, confiando en que cuando los tiempos son difíciles hay una oportunidad de salir adelante, o podían renunciar.

"Yo vi el juego desde las gradas y es la decisión de la que más me arrepiento en mi vida. Sé que las cosas son difíciles ahora. Sé que la alberca es muy fría, las prácticas muy largas, las recompensas se ven muy lejanas. Pero éste es nuestro juego de campeonato. Yo me niego a renunciar hasta que ganemos."

Ese discurso en julio de 2008 fue un punto de flexión tanto para Michael como para la compañía. En vez de una hostil y desinteresada multitud, construyó una sala de aliados con una meta en común. Su historia del propósito inspiró a su equipo. Les dio una razón para dar lo mejor de sí en el trabajo, esforzarse hacia una meta común para salir de la tormenta de la recesión y emerger más fuertes y mejores que nunca. Sin arrepentimientos.

LA HISTORIA DEL PROPÓSITO: ANÁLISIS DE LOS COMPONENTES

Una vez que tu mensaje es claro y buscas en tu carrera y en tu vida, usando la solución de arriba o una tuya para encontrar la historia que concuerde a la perfección para apoyarlo, tu siguiente trabajo es incluir los cuatro componentes para hacer una historia impactante.

Personajes identificables

Más que con cualquiera de las otras historias esenciales, en las que los personajes principales a veces son consumidores (como en las historias del valor) o un accionista contando la historia de la fundación en nombre del fundador, el personaje identificable en la historia del propósito casi siempre es el narrador. El líder que aprendió la lección. La persona que tiene la experiencia. Aunque puedes contar la historia del propósito de alguien más, las mejores son las tuyas.

Esto es tan emocionante como retador.

Emocionante porque las opciones para las historias que podrías contar sólo están limitadas por el número de días que recuerdas estar vivo, y digo eso en un sentido literal, no en sentido existencial. Ser el personaje identificable significa que cualquier momento de tu vida puede convertirse en una historia del propósito si lo emparejas con el mensaje correcto. Por ejemplo, una de mis historias favoritas del propósito es la que escuché cuando un orador estaba uniendo e inspirando a la audiencia a seguir un único propósito. Compartió su experiencia de atravesar una bancarrota y cómo se tuvo que mudar con su novia. Su oficina era un pequeño escritorio apretado a un lado de la cama. Una noche su novia llegó a casa, él trabajaba en su pequeño escritorio y tenía todas las facturas y papeles de la bancarrota sobre la cama. Ella no quiso molestarlo, pero era tarde, así que entró y se metió debajo de las cobijas y de todos sus documentos. Él la observó, durmiendo bajo pilas de documentos y pensó: "Ésta es la última vez que duerme bajo el peso de mis cuentas". Ese momento se convirtió en su combustible para no rendirse nunca.

Aunque ser el personaje principal te da material ilimitado para la historia del propósito, hasta Spider-Man sabe que: con un gran poder viene una gran responsabilidad. Porque, aunque el personaje principal con frecuencia es el líder, la historia en realidad es sobre la audiencia. Sí, la historia del waterpolo de Michael era sobre él, pero estaba diseñada para hacer que la audiencia se pusiera en sus zapatos. Sí, el CEO del Centro Médico Maricopa contó una historia sobre su primer foro, pero estaba diseñada y contada en específico para que la audiencia se viera a sí misma en ese foro y sintiera el orgullo que todos los presentes compartieron.

La clave para usar de manera adecuada personajes identificables en una historia del propósito es revelar detalles sobre ti. A veces tan simples como decir qué usabas ese día o una observación específica sobre qué hiciste o pensaste. Cuando lo hagas, ten a tu audiencia en mente. ¿Con qué detalles se van a relacionar o conectar? ¿Qué detalle los hará decir "sí, eso es muy yo"?

Emociones auténticas

Una forma efectiva de combinar la experiencia del personaje identificable (tú, el líder) con la de la audiencia es apoyarse en emociones.

Una historia del propósito funciona no por la claridad con la que recitas una secuencia de eventos. El éxito de tu historia depende por completo de tu habilidad y disposición de compartir cómo te sentiste con esos eventos. Estas emociones no tienen que ser grandes. De hecho, con frecuencia la indiferencia es el principal estado emocional. Lo que sí tiene que ser grande, en realidad mientras más grande mejor, es tu disposición a ser vulnerable, a compartir cosas de ti que por lo general no se comparten en los negocios.

Sí, me oíste. Vulnerabilidad. Supongo que ya has escuchado esto antes, la importancia de la vulnerabilidad en el liderazgo empresarial. Y aunque no es la palabra de moda más cómoda para los negocios (nadie quiere ser expuesto), las investigaciones han mostrado una y otra vez que ser vulnerable en los negocios tiene el poder de impulsar tu éxito.

La investigadora, autora y famosa experta en vulnerabilidad Brené Brown dice: "La vulnerabilidad es el motor absoluto de innovación y creatividad. No hay innovación sin vulnerabilidad".[52] Todos sabemos que la innovación y la creatividad son cosas que, al final, moverán el negocio hacia adelante. Pero aun así dudamos.

Parte de la duda sobre ser vulnerable en el lugar de trabajo surge de cómo la gente cree que será percibida en esos momentos. Brown dice que a veces se equipara la vulnerabilidad con debilidad,[53] pero en realidad es lo opuesto. Dirigir un negocio exitoso significa hacerte vulnerable al riesgo, ridículo, incluso al fracaso cuando corres riesgos o aprovechas oportunidades de crecer el negocio, de hacer esa gran compra.

La vulnerabilidad también juega un rol importante cuando se trata de interactuar con tus empleados. En su investigación, Brown descubrió que la raíz de la conexión social es la vulnerabilidad. Cuando somos vulnerables en el lugar de trabajo, nos conectamos en un nivel humano, incrementando la confianza y lealtad entre líderes y empleados, alentando el compartir ideas y aumentando la lealtad.[54]

Por fortuna, la historia del propósito es el lugar perfecto para abrirse de manera emocional y ser vulnerable. Y no tienes que sentirte obligado a contar una historia del lugar de trabajo. Una de las libertades más emocionantes de la historia del propósito es la oportunidad de buscar historias fuera de las paredes de tu compañía y de las responsabilidades de tu rol. ¿Tuviste un momento de transformación durante un campamento? Puede funcionar. ¿Aprendiste una lección importante de una discusión con un amigo? Una opción viable. Esto no sólo te da material interminable para tu historia del propósito, escoger historias más allá de la oficina le da a tu equipo la oportunidad de conectar contigo como humano, no sólo como una figura corporativa, que, a menos de que en realidad seas un robot, es algo muy bueno.

Un momento

Como los dos tipos de historias previos, tu historia del propósito será más cautivadora si incluye un momento significativo en el tiempo. Esto se logra al incluir algo tan específico como un lugar o un instante que la audiencia pueda imaginar (como sentarse en las gradas a ver un partido de waterpolo).

Descubrí, con las historias del propósito en particular, que el momento con frecuencia coincide con la explosión. Es el instante antes del entendimiento. Es el punto de encuentro entre la normalidad, donde las cosas se han desarrollado como siempre lo han hecho y el momento en el que las cosas cambian de repente. Aprendes una lección. Obtienes una perspectiva nueva. Entras a la nueva normalidad.

Dicho eso, aunque el momento puede ocurrir en un instante en la vida real, en la historia se debe sentir como en cámara lenta: haces un acercamiento y te tomas tu tiempo.

Por ejemplo, realicé un taller en un retiro para un grupo de ejecutivos. Estaban trabajando en varios tipos de narraciones y uno era la historia del propósito sobre encontrar un balance entre vida y trabajo. Una mujer compartió una historia en la que se daba cuenta de cuánto tiempo no estaba con sus hijos. Pero no sólo dijo: "Me di cuenta de cuánto tiempo no pasaba con mis hijos". En vez de eso incluyó con destreza el momento al retratar la imagen de cuando se dio cuenta: "Nunca lo olvidaré. Estaba en mi carro, manos en el volante, manejando en la autopista, 30 minutos de una hora que hago todos los días para volver a casa y me di cuenta, este trayecto nos ha robado muchas horas a mí y a mi familia". Cuando terminó su historia y el grupo opinó sobre lo que había funcionado de la historia, todos estuvieron de acuerdo en que el momento en el carro sobresalió y los llevó a la escena.

Detalles específicos

El éxito de una historia del propósito recae en la habilidad del líder para hacer una historia que, técnicamente es sobre él o ella, se sienta como una historia sobre la audiencia. Con eso en mente, cuando sea posible incorpora verdades universales de la audiencia. Detalles, situaciones, emociones que sabes que son familiares para la mayoría de tu público. El vicepresidente de la compañía de tecnología sabía que mucha de la gente en su audiencia tenía y había tenido hijos adolescentes en casa. Si no eran padres, todos los asistentes habían sido adolescentes en algún momento y se podían relacionar. En la historia de Michael, él sabía que la sala había estado en la encrucijada de querer renunciar, de hecho, muchos de ellos estaban en ese punto cuando él hablaba. Yo he usado detalles tan específicos como el castillo de My Little Pony en una de mis historias, sabiendo que mi audiencia fue criada en los ochenta y noventa y recuerda el preciado juguete. Una vez usé la marca de zapatos Mootsie Tootsie, sabiendo que una audiencia en particular sería en su mayoría mujeres Gen Y.

En cada caso, el uso de detalles específicos ayuda a matizar las líneas entre el personaje identificable (el líder) y la audiencia hasta convertirse en uno mismo. Y en ese momento, tu propósito se vuelve su propósito.

HISTORIA DEL PROPÓSITO Y LA ÚLTIMA FRONTERA CULTURAL DE LA EMPRESA

En 2010 un psicólogo en la Universidad Emory se dispuso a determinar qué hacía niños felices y saludables y realizó una prueba a estudiantes de primaria en un esfuerzo por revelar algún conocimiento.[55] La prueba estaba compuesta de 20 preguntas que se contestaban con un simple sí o no, diseñadas para medir cuánto sabían sobre su historia familiar.

¿Sabes dónde crecieron tus abuelos?

¿Sabes a qué preparatoria fueron tus padres?

¿Sabes dónde se conocieron tus padres?

¿Sabes de alguna enfermedad o algo en verdad terrible que haya pasado en tu familia?

¿Sabes la historia de tu nacimiento?

Los resultados del estudio fueron sorprendentes. Mientras más sabía el niño sobre su historia familiar, más fuerte era su sentido de control sobre su vida y más alta su autoestima. La escala de "¿sabes?" resultó ser el mejor predictor individual de salud emocional y felicidad de los niños.

Nuestro equipo se preguntó si aplicaría lo mismo para las organizaciones. ¿Era posible que, mientras más supieran los empleados sobre sus líderes y las historias de la compañía, más conectados se sintieran con la empresa? Así que hicimos una prueba.

Aplicamos una encuesta a nivel nacional a mil trabajadores estadounidenses de tiempo completo de entre 18 y 65 años para ver qué sabían sobre la historia de su compañía y, para aquellos que sí la conocían, si eso hacía alguna diferencia en su satisfacción laboral general. Por ejemplo, la encuesta hizo preguntas como las siguientes:

¿Conoces la historia de cómo inició la compañía donde trabajas?

¿Sabes si la compañía donde trabajas ha enfrentado retos o contratiempos en su historia?

Nuestros resultados revelaron que los participantes que contestaron que sí a las dos preguntas eran 40% más propensos a afirmar que "el trabajo que hacemos en la compañía hace una diferencia en el mundo".

Un poco de narración puede llegar lejos al impulsar un propósito en una compañía y el sentido de éste lleva a un éxito duradero. La historia del propósito ayuda a tu equipo a entender que lo que hace es importante. Es posible que la mujer escribiendo un código en el escritorio de su recámara a tres zonas horarias de distancia no sepa que es una pieza importante de lo que todos tratan de hacer y es posible que el chico a tres cubículos tampoco lo sepa. Tal vez ninguno de ellos se da cuenta de que son parte de algo más grande, de algo importante, algo con un *por qué* poderoso. Y necesitan saberlo.

Es fácil pensar que sólo es necesario venderles a inversionistas y consumidores. Que son las personas más importantes, a quienes tienes que influenciar, transformar y conseguir su atención. Pero como líder, enfrentas el mismo trabajo con tu gente. Si no puedes comprometerla e influenciarla, sólo firmarás cheques y esperarás que la gente haga lo suficiente para justificarlos.

Es una batalla diaria. Una que, si no estás peleando ya, la estás perdiendo.

La pregunta es: ¿estás contando las historias correctas?

Nos gustaría creer que los pisos sin pasillos, manuales de empleados, un patio de basquetbol para los empleados, kombucha o cerveza disponibles crea la cultura de una compañía, porque entonces sólo debemos hacer un poco de remodelación, instalar un barril de cerveza y estaremos listos. Pero, de hecho, es el compromiso intencional y cuidadoso a la narración lo que genera y sostiene una cultura.

La cultura es una colección de historias que alinean e inspiran. Los empleados se sienten más felices y conectados cuando saben sobre la historia de su compañía; los altibajos y dónde comenzó todo. Más importante, cuando saben cómo la compañía enfrentó adversidad y vivió para contarlo, saben que ésta puede sortear una tormenta.

Las historias (este sentido de historia) son lo mismo para empleados como para familias que cuentan su origen a los hijos. Conocer su cultura da a los empleados un sentido de pertenencia.

Narra bien tus historias y serás como el oro. Cuenta mal tu historia y los puentes para conservar a tu gente serán tan tambaleantes como los de los parques para niños donde tus pies se mueven y sientes el suelo temblar.

¿Tu equipo sabe cómo se fundó la compañía? ¿Cómo se consiguió la mayor cuenta? ¿Cuáles son los mayores fracasos? ¿Las mejores pruebas y triunfos, catástrofes y ganancias?

Cuando el ir al trabajo día a día se vuelve tedioso, cuando a tu equipo le falta una meta, cuando tu organización enfrenta la adversidad (que lo hará), ¿tu gente sabe que es parte de algo más grande?

Si cuentas tus historias, lo sabrán.

EN LA SALUD Y EN LA ENFERMEDAD

Cuando los tiempos son buenos, una historia del propósito guía al negocio a desempeñarse mejor a través de una mejor cultura. Cuando los tiempos son difíciles (como lo eran para la compañía de Michael) puede significar nada menos que supervivencia. Sin importar el tiempo, una historia del propósito es una que cualquiera puede contar, en especial tú. Y con frecuencia.

Claro, eso no es verdad para todas las historias. Hay algunas que tú no puedes contar. De eso se trata el siguiente capítulo.

La historia del consumidor

Axilas con agradable aroma y la historia que no puedes contar

> Cuando no estás en la habitación, la
> gente habla de ti y te pone etiquetas.
>
> JEFF BEZOS

Se dice que hablar en público es uno de los mayores miedos en el mundo. Y aunque sospecho que ese viejo cuento es exagerado, seguro es común sentir algo de ansiedad antes de subir al pódium. Eso es verdad incluso para oradores profesionales, van de la mano.

¿Mi secreto profesional por excelencia? Usar un buen desodorante.

Ok, en realidad ése no es mi mejor consejo para hablar en público. Pero si tu meta fuera crear un horrendo comercial para desodorantes, creo que ese consejo sería tu punto de partida.

Entrada del locutor cursi.

> Kindra Hall es una narradora profesional. Y cuando la historia se pone difícil, cuenta con su desodorante para llegar hasta el final. Es por eso que escoge Acme, la marca más confiable por los expertos en historias alrededor del mundo.

Meh.

Este tipo de publicidad me vuelve loca por muchas razones. Una porque suena cursi. Para ser justos con Acme, este asunto es complicado. Mientras el mensajero seas tú, corres el riesgo de parecer falso o poco auténtico.

Pero más que eso, este tipo de mensajes me vuelven loca porque apestan a oportunidad perdida. Hay una buena historia ahí, pero Acme no se esforzó por contarla.

Por suerte, para lidiar con este problema hay una solución casi tan vieja como el comercio en sí. Para entenderla, veamos la contraparte del mundo real de nuestro ejemplo de Acme.

Mi experiencia con Native Deodorant comenzó como la mayoría de experiencias de compras en línea. Hice mi compra, llené mi recibo por correo electrónico y recibí el producto. Bastante normal. Lo que no es normal es el buen trabajo de publicidad que hace Native. Su propuesta del valor (un desodorante seguro, efectivo y hecho en Estados Unidos) es clara y fácil de captar y la pusieron al frente y centrada. Necesitas más o menos tres segundos en la página de Native para saber con exactitud qué problema resuelven.

Pero en lo que Native en verdad sobresale es en el uso de una historia única, en concreto, su habilidad para capturar historias de gente como yo *después* de que usaron el producto. Quizá es el más difícil de los cuatro tipos de historia, pero Native está en camino de dominar la elusiva pero muy poderosa historia del consumidor.

LA HISTORIA DEL CONSUMIDOR

Ya conoces bien la historia del consumidor. Has visto su eco en cosas como testimonios, reseñas, promoción de influencers, referencias y recomendaciones. La larga historia de los consumidores que alaban (o critican) productos es un pasatiempo que sigue funcionando.

Las experiencias de los consumidores tienen una ventaja natural sobre la publicidad tradicional porque vienen precargadas con lo que le falta a la historia de Acme: credibilidad. Cuando le dices a alguien que tu producto es genial, se llama publicidad. Cuando lo dice otro consumidor, se llama referencia, y las referencias traen un nivel muy diferente de influencia. De manera constante los estudios demuestran que las reseñas y referencias tienen una influencia enorme en el comportamiento de los consumidores. El poder de las redes sociales y sitios de reseñas como Yelp y Angie's List hacen que dejar y leer reseñas sea más fácil que nunca. Considera estos descubrimientos de una encuesta de reseñas de consumidores de BrightLocal:

- El 85% de los consumidores confía en las reseñas en línea tanto como en recomendaciones personales.
- Reseñas positivas hacen que 73% de los consumidores confíe más en un negocio local.
- El 49% de los consumidores necesita ver al menos una evaluación de cuatro estrellas antes de escoger un negocio.
- Los consumidores leen un promedio de siete reseñas antes de confiar en un negocio.[56]

Pero mientras los consumidores buscan y leen reseñas, las investigaciones también muestran que éstos con frecuencia son escépticos y tienen cuidado de testimonios falsos.

En 2016 un estudio de Pew Research descubrió que "propietarios de negocios y consumidores por igual manifestaron preocupaciones por la validez y veracidad de la información publicada en varios sitios de reseñas en línea. Y cuando se les preguntó sobre el asunto, los estadounidenses se dividieron casi por igual. Apenas la mitad (51%) de los que leen reseñas en línea dice que, por lo general, deja una imagen precisa de la calidad real del producto, pero una porción similar (48%) cree que con frecuencia es difícil decir si las reseñas en línea son veraces e imparciales".[57]

Aquí es donde la historia del consumidor puede ayudar.

Aunque las referencias, reseñas, testimonios u otras experiencias de los consumidores son valiosas, no siempre vienen empaquetadas como una historia y, como resultado, no tienen el mismo impacto que una historia. Una reseña puede contestar preguntas, pero rara vez incluye la normalidad (esa primera parte del marco de narración) o atrae personas con detalles específicos que inspiran la imaginación del lector. Un testimonio puede exponer los hechos, pero pocas veces incluye emociones convincentes. La reseña de un producto puede ser buena para la empresa, pero convertirla en una historia del consumidor es genial para el negocio. Una historia del consumidor atrae a las personas, hace que les importe, que se sientan conectadas, y tal vez lo más importante, hace que se sientan comprendidas, por ejemplo: "Alguien más, como yo, se ha sentido como yo, ha querido la cosa que yo deseo y encontró la solución aquí. Quiero eso. Lo compraré".

Sí. Una historia del consumidor bien contada puede hacer que todo eso pase.

CAMBIANDO NARRADORES: LA HISTORIA DEL CONSUMIDOR CONTRA LA HISTORIA DEL VALOR

Ahora, lo admitiré, quizá pienses que ésta es una historia del valor. ¿No es ésta una historia para describir el valor de un producto? ¿Me puedo saltar este capítulo?

La respuesta es no. No te saltes este capítulo.

Digo, puedes hacerlo, pero aunque las historias del valor y las del consumidor son diferentes medios para el mismo fin, las diferencias entre ellas es algo que no te quieres perder. A menos, claro, que estés bien con que tu competencia lo averigüe y tenga una ventaja sobre ti. En ese caso, adelante. Sáltate todos los capítulos que quieras.

Recuerda que la historia del valor usa el marco de narración Steller para revelar el valor del producto. Buenas ventas y publicidad con frecuencia son trabajo de la historia del valor. El personaje identificable es el consumidor viviendo su normalidad que tiene un problema. Con esto viene la explosión (el producto o servicio) y, *voilà!*, el problema se resuelve.

Normalidad → Explosión → Nueva normalidad

Cuando Unbounce contó la historia del problema de los publicistas para crear y probar nuevo contenido en línea mientras lidiaban con el cuello de botella de presupuestos y desarrolladores, hablaban de un consumidor. Cuando Workiva contó la historia del aspirante a triatleta que realizó su sueño gracias al tiempo ahorrado usando su producto, estaban hablando de un consumidor. Y aunque todas estas historias eran sobre consumidores, eran historias del valor.

Una historia del consumidor es diferente.

Una historia del consumidor tiene un giro único.

Una historia del consumidor, aunque puede ilustrar el valor, es contada por el mismo consumidor. Revisa la página de internet de Native y lo verás. Historias ilustrando el valor, pero contadas por consumidores. Prueba esta maravilla de cinco estrellas de Amy H.:[58]

ELIMINA LA PESTE POR COMPLETO

El cáncer de mama corre en mi familia, por eso empecé a probar desodorantes naturales para bajar mi riesgo. Un producto "similar" con ingredientes similares me dejó quemaduras químicas bajo el brazo. Era cuatro dólares más barato. Probé otros, pero no funcionan saliendo de la puerta. Vivo en el sur, así que es húmedo y caliente. Sudo mucho y estaba nerviosa de tener que recurrir a antitranspirantes. Ordené Native de manera reacia porque era muy caro en comparación. Estoy cien por ciento feliz de haberlo pedido. En realidad, no se necesita mucho y funciona en el caliente y húmedo sur. ¡No huelo todo el día! Si pudiera untar de manera abundante con esto a mi perro, mi mundo estaría libre de pestilencias. :-)

Y esta breve reseña de Carolyn D.:[59]

ABUELA ACTIVA

Mi nieta dejó el suyo en mi baño y decidí usarlo. He probado muchas marcas en mis 77 años y estaba en verdad sorprendida por no oler después de andar en bicicleta o o de hacer paddleboarding. Ahora estoy haciendo mi primer pedido de coco-vainilla. ¡No puedo esperar!

A primera vista, éstas parecen historias del valor: consumidores con problemas que son resueltos. Pero hay un elemento clave que las hace historias del consumidor: la gente contándolas.

Si fueran verdaderas historias del valor, tal vez tendríamos al mismo personaje (Amy H. o Carolyn D.); la explosión/producto (Native Deodorant); el mismo resultado y valor. La diferencia es que Amy y Carolyn están contando las historias, no Native. Y esa diferencia hace toda la diferencia.

Si Native contara la historia como Acme (hablando de sí mismo), sería algo así:

> Amy H. tenía cáncer de mama en su familia y estaba tratando de reducir el riesgo asociado con desodorantes convencionales. Cada solución natural que probó la dejó con quemaduras químicas o no soportó el clima húmedo del sur. ¡Native salvó el día!
>
> Carolyn D. tomó prestada la barra de Native de su nieta y estaba de verdad sorprendida de que, tras 77 años probando diferentes marcas, no oliera después de andar en bicicleta o o hacer paddleboarding.

Cada una de estas declaraciones se podría transformar en una historia del valor. Añade un poco más de emoción, genera la normalidad y, con algunas modificaciones y trabajo, podríamos convertir eso en un gran anuncio en video, una copia en línea, incluso un dramático póster o espectacular. Pero aun con esos ajustes, no estaríamos aprovechando la ventaja fundamental que tiene una historia del consumidor y que le falta a la historia del valor: credibilidad intrínseca.

POR QUÉ LAS HISTORIAS DEL CONSUMIDOR SON MÁS CREÍBLES

La historia del consumidor está en su propio mundo porque elimina la voz irritante que cuestiona si deberías o no creer una historia (si el vendedor la cuenta). Con una historia del consumidor, no es la compañía, es una persona, justo como tú, quien lo prueba y lo ama y no gana nada al contarte.

Como consumidores, somos mucho más sofisticados de lo que solíamos ser. Tenemos mucho más poder e información en el mercado que antes. Y eso nos ha hecho, si no desconfiados, al menos precavidos cuando se trata de lo que nos dicen los negocios. Y eso incluye historias. Usada de manera apropiada, la historia del consumidor resuelve cualquier duda restante. Los ejemplos de Amy H. y Carolyn D. nos muestran cómo.

La fuente importa

Piénsalo un minuto. ¿Qué pasaría si Native dijera que sus productos "eliminan el olor por completo", lo pusieran en su publicidad coloquial o lo compartieran en una historia del valor? Sonaría diferente. Es distinto escucharlo de un consumidor real, significa más viniendo de Amy. O está el tema del alto precio. Native diciendo que vale el precio adicional suena como a una justificación, pero Amy dice que se siente como un hecho.

Lo sé, parece que realidad hablamos de algo que se discute en tercero de primaria durante 20 minutos dedicados a la escritura creativa. Primera persona *versus* tercera persona. Yo contra él o ella. Y estás en lo correcto. Pero resulta que a veces la fuente importa más.

McDonald's aprendió esto por las malas en el Reino Unido.

En 2017 sacaron un comercial que empezaba con un chico sentado en una cama, justo en medio de esa incómoda fase preadolescente de la vida. Está revisando lo que parece ser una caja de basura, pero con rapidez nos damos cuenta de que los objetos en la caja son, de hecho, recuerdos valiosos. Un par de lentes. Un reloj de pulsera. Una nota escrita a mano. Todos recuerdos físicos.

Después de examinar la caja, el chico le pregunta a su madre: "¿Cómo era papá?"

La madre lo observa, lo lleva de paseo y comienza a contarle sobre las mejores cualidades de su padre. Cuando pasan al lado de una vieja casa de piedra, ella le dice a su hijo que su padre era grande como un edificio. El joven se pone más recto, intentando lucir más alto. Cuando pasan al lado de un partido de futbol, ella detalla cómo su padre no sólo era un excelente jugador sino capitán del equipo. El chico intenta con torpeza patear un balón de vuelta a la cancha, pero es claro que no tiene material para ser capitán del equipo. Cuando se sientan en una banca, la madre habla sobre lo bien que se vestía, con zapatos tan brillantes que podías ver tu reflejo en ellos. El chico ve sus tenis descuidados. Desaliento está escrito en todo su rostro.

Su paseo termina cuando se sientan a comer en McDonald's. El chico abre la caja, saca un sándwich de pescado y le da una gran mordida. Cuando comienza a masticar, la cámara enfoca a la madre, quien remarca en un tono nostálgico que el sándwich de pescado era el favorito de su padre y que nunca comía uno sin llenarse de salsa tártara. La voz se le quiebra al ver a su apuesto hijo con un punto de salsa en el rostro.

El chico está encantado. Por fin. Una similitud.

La indignación por el anuncio fue intensa y generalizada. Yo leí sobre eso en el *The New York Times* mientras bebía una taza de café. ¡¿Cómo se atreven a explotar la pérdida de un niño?! ¡¿Quién necesita dos padres cuando tienes un sándwich de pescado?! El anuncio fue retirado al poco tiempo de salir al aire y McDonald's se disculpó.

Aunque no había visto el anuncio antes de leer el artículo, tenía dos pensamientos distintos. El primero era sobre mi padre y el jugo de tomate.

Una vez, en mi época universitaria, iba en un avión con mi madre. La asistente de vuelo nos preguntó qué beberíamos y pedí jugo de tomate. Mi mamá me observó de manera abrupta.

"¡¿Qué?! —respondí—. No ordené un Bloody Mary. Sólo pedí jugo de tomate." (Es sorprendente la rapidez con la que regresamos a nuestro adolescente interior cuando estamos con nuestras madres.)

"No —dijo—. No es eso. Es sólo que tu papá siempre pedía jugo de tomate cuando volaba. Nunca lo tomaba en ningún otro lado, sólo en aviones."

Nunca olvidé el profundo sentimiento de orgullo que sentí en ese momento. Sí, era por algo tan simple como el jugo de tomate, pero todavía tengo el sentimiento único de felicidad y conexión con mi papá que sentí en ese momento.

En este punto, habrás sospechado que mi padre falleció cuando era niña. Que por eso algo como el jugo de tomate significa tanto para mí. Pero eso no es verdad. Mi padre está muy vivo y hablo con él con frecuencia. Pero que esté vivo no diluye de ninguna manera lo significativo que fue saber por un instante lo similares que somos. Así que entendía cómo un chico que *perdió* a su padre podría estimar esa conexión, incluso si fue con un sándwich de comida rápida.

Una periodista independiente del *The Guardian* hizo eco de este sentimiento, aunque desde una experiencia diferente. Su madre había fallecido en 1985 cuando la escritora era joven. Ella dijo: "Todavía estoy ansiosa por migajas de información sobre mi madre [...] Descubrir un hecho nuevo o escuchar una observación sobre similitudes de alguien que la haya conocido, se siente como un maravilloso tipo de arqueología".[60]

Ése fue mi primer pensamiento: mi padre, jugo de tomate y cuánto orgullo sentí por saber que éramos parecidos en esa forma.

Mi segundo pensamiento: me preguntaba si ese anuncio de McDonald's era una historia real. ¿De verdad había un chico que descubrió una similitud azarosa con el padre que perdió y, de alguna forma, McDonald's Reino Unido escuchó sobre él?

Tal vez su madre les contó la historia, la agencia de publicidad se conmovió, se dieron cuenta de que era una mina de oro y decidieron que contarían esa historia. Tendría personajes identificables y emociones (claro, no lo llamarían así, porque nuestra investigación todavía no se completaba, pero entiendes el punto). Después escribieron el guion gráfico y buscaron a los actores, y aunque todo era una historia real...

La contaron como una historia del valor en vez de hacer que el chico la contara como una historia del consumidor. Lo arruinaron sin saber por qué o cómo.

Sí, la fuente importa, para bien o mal.

Los detalles importan

Como bien dicen, hay cosas que no se pueden inventar. La historia del consumidor de Carolyn D. está llena de pequeños detalles que ayudan a que la historia suene real. Su nieta adolescente dejando el desodorante en el baño (típico de un adolescente), las actividades específicas que Carolyn disfruta (andar en bicicleta y paddleboarding). Incluso su edad fue específica: 77. ¿Y notaste algo más? En su reseña, Carolyn duplica la letra *o*. Una cosa pequeña, pero importante.

Las historias del consumidor vienen directas de la fuente, es muy importante que se vean reales. Aunque es tentador (ya sea impreso o en video) darles una arregladita a tus historias de clientes, a veces las risitas, los bloopers y las imperfecciones son lo que las hacen más reales. Seguro, deberías guiar las historias para que se ajusten al marco e incluyan los componentes necesarios. Y si los agravios son grandes, ahórrale a tu consumidor cualquier vergüenza. Pero no las edites más allá del reconocimiento. La belleza de una historia del consumidor es su realidad cruda e imperfecta.

Puedes poner cientos de redactores creativos en una habitación durante una semana y nada que escriban nos hará creer que una persona real existe detrás de las palabras tan bien como lo hace Carolyn. Sus detalles llenan la historia y la hacen más creíble y también tienen una función doble al informar a los demás sobre el tipo de persona que usa Native. Son aventureros, vibrantes y llenos de vida, sin importar la edad.

Quizá, como se dice en inglés, "el diablo está en los detalles", pero en ellos también encontramos el deleite y la credibilidad.

APRENDE DE NATIVE: CÓMO OBTENER LA HISTORIA DEL CONSUMIDOR

Sí, recolectar reseñas es una vieja moda. Amazon lo hizo desde siempre y otras compañías lo han hecho por un siglo antes de eso. Pero Native lo hace mejor y tú también puedes. Aquí hay dos reglas simples para seguir y conseguir tus historias del consumidor.

Regla 1: La debes pedir

Unos días después de que llegó mi desodorante, recibí un correo de Native:

Para: Kindra

Asunto: ¡Gracias por tu apoyo, Kindra!

Hola, Kindra:

¡Espero que estés bien! Quería agradecerte por apoyar Native Deodorant. Somos un negocio pequeño manejado por una familia y lo apreciamos de manera genuina. :)

Como ya tuviste algunos días para probar Native Deodorant, me encantaría recibir tus primeros pensamientos sobre el producto. En particular, me encantaría saber ¿qué desodorante usabas antes de cambiar a Native y qué te hizo decidirte a probar el nuestro? ¿Has disfrutado tu experiencia con Native hasta ahora? Si has tenido una gran experiencia con Native, ¡de verdad agradeceríamos que hicieras una reseña sobre nuestro desodorante!

Cualquier crítica será muy apreciada. Si tienes alguna pregunta, por favor no dudes en escribirme.

¡Que tengas un día fantástico!

Saludos,

Julia

P. D. ¡Te enviaremos una barra gratis de Native si nos mandas un video haciendo una reseña! Descubre más aquí.

Este correo hace algunas cosas sorprendentes (después hablaré más sobre eso), pero su trabajo más importante es conseguir que escriba una reseña. Es una invitación, una petición para contar mi historia del consumidor a Native. Una petición que ha conseguido 7 008 respuestas hasta ahora y contando. Es el corazón del anuncio de televisión de su producto.

Quizá parece simple, pero pocas compañías lo hacen. Y esto ilustra la primera regla más crucial de la historia del consumidor: si quieres historias de los consumidores, tienes que pedirlas. Claro, es posible que recibas una carta ocasional no solicitada, pero te tomará años juntar una serie de historias si no las pides.

Pedir no es difícil. Sólo necesitas un sistema. Un correo de seguimiento como el que usa Native es un sistema súper fácil que consigue el objetivo.

Aunque debes notar que Native lleva la petición a un nuevo nivel:

- El correo llega después del producto. Cualquiera puede añadir un link de "Añade aquí tu reseña" en un correo. Pero no es de mucha ayuda cuando todavía no recibes el producto. Tu petición debe llegar después de que el consumidor probó tu producto o servicio.
- El correo es de una persona real con un nombre real: Julia. Es amigable. Y yo estaría maldita si no me pareciera auténtica por completo. A diferencia de una respuesta automática, un chatbot sin rostro. Si le respondo a Julia, tendría una respuesta.
- Puedo obtener un regalo. Si creo una reseña en video, ellos me enviarán una barra gratis de desodorante. No hay nada como las gracias y los productos gratis para conseguir que la gente responda. Y si hago mi propio video, se evitan la posibilidad de un desastre como el de McDonald's por completo.

Pedir es una habilidad. Pero comienza sólo con pedir. No lo hagas más difícil de lo que es. Empieza a solicitar y ve ajustando mientras lo haces.

Regla 2: Pide de manera específica y recibirás

Más allá del simple acto de pedir, el correo de Native prepara el camino para asegurar otra pieza fundamental del acertijo: guiar mi respuesta para que comparta una verdadera historia.

Después de todo, esto se trata de historias. No sólo queremos estrellas, pulgares arriba o elogios sencillos. Queremos historias porque funcionan mucho mejor.

El correo de Julia pregunta en específico qué usaba antes de Native y cómo son las cosas ahora que lo he usado por unos días. ¿Notas algo? Me están dando un marco para mandarles una historia. Ese marco, oh, sorpresa, resulta que coincide a la perfección con nuestro marco. Al pedir comentarios de esta forma, Julia está guiando mi respuesta, así que si sigo sus indicaciones, mis comentarios regresarán en forma de una historia perfecta con normalidad-explosión-nueva normalidad con Native Deodorant como la explosión en el medio.

Y en caso de que olvidara responder en esa manera, estos apuntes fueron reforzados cuando entré a la página de reseñas. Ahí, de manera sutil, me motivaron de nuevo a hacer mi reseña en forma de una historia efectiva.

Es probable que una guía como ésta consiguiera la multitud de historias de gran calidad en su página de internet. Una guía que alentó a Amy a contar toda la historia. Fue lo que alentó a Carolyn a incluir la parte de encontrar el desodorante de su nieta en el baño y probarlo, que, si lo piensas, es un poco rebelde y hace todo más genial y real. Cuando buscas historias de los consumidores, haz las preguntas que provocarán el tipo de respuestas que necesitas.

Es muy posible que las historias del consumidor sean el tipo de narraciones más fáciles y poderosas de usar. Si tienes consumidores, tienes historias. Sólo debes encontrarlas. En vez de hacerlas desde cero, tu trabajo es juntarlas y contarlas.

SI UNA HISTORIA DEL CONSUMIDOR CAE EN EL BOSQUE, PERO NADIE LA CUENTA...

Claro, las historias no valen mucho si nadie las cuenta. Piensa que tu trabajo es de curador en jefe. Has juntado las exposiciones para tu museo de historias del consumidor, pero no funcionarán si no las exhibes.

La pregunta clara es dónde, ¿dónde están estas historias?

Para responder eso, pienso en las mañanas antes de ir a la escuela durante mi niñez.

Despierta. Ve a la cocina. Toma la caja de cereal. Pon algo de cereal en un plato con leche. Después come el cereal mientras lees la parte trasera de la caja. ¿Alguna vez hiciste eso? Vaya, hombre, las horas que pasé leyendo la caja de cereal. Leía los hechos aleatorios y trataba de resolver los acertijos mientras me metía bocanadas de azúcar en la boca (sí, crecí en los ochenta y comíamos cosas llenas de azúcar entonces).

Aunque mis hijos no comen cereal ahora, el recuerdo de esas mañanas me puso a pensar. ¿Y si la compañía de cereal hubiera puesto una historia en esa caja? Habrían tenido por lo menos 25 minutos de mi completa atención, completa porque ¿qué otra cosa veía mientras desayunaba?

Ahora, no estoy diciendo que imprimas tus historias del consumidor en cajas de cereal (aunque podrías), más bien, piensa en esos espacios vacíos en la vida de tus consumidores. Espacios que sabes que llenarán con algo. Ahora que sabes que prefieren historias, ¿por qué no poner una historia ahí? Desde páginas de internet y boletines informativos hasta discursos de apertura. Stands en ferias de comercio. Llamadas de ventas para reuniones de equipo. Las paredes del metro.

Para Native, su museo de historias del consumidor es la página de internet. Para un hotel en Canadá donde me hospedé una vez, había un diario en la habitación para que los huéspedes escribieran la historia de su experiencia: por qué estaban ahí, qué hicieron, qué amaron de su estadía. Ése era su espacio para historias del consumidor. Las redes sociales son otro lugar obvio para exhibir historias del consumidor. En esencia, cuenta una historia en cualquier lugar al que vayan tus consumidores y tengan espacio en su mente.

LA HISTORIA DEL CONSUMIDOR: ANÁLISIS DE LOS COMPONENTES

¿Notaste algo mientras leías este capítulo? ¿Empiezas a hablar de manera fluida sobre la narración? Es cierto. Hemos hablado en términos de personajes identificables, emociones auténticas, momentos y detalles específicos a través de la discusión de la historia del consumidor porque, aceptémoslo, una historia no se puede separar de la suma de sus componentes.

Pero, por defecto, tienes menos control de esta historia (porque no es tuya, es de ellos), por lo que es fundamental entender muy bien los componentes para ayudar a que una historia del consumidor alcance su máximo potencial. Aquí está la información completa sobre cómo usar los cuatro componentes para maximizar las historias de tus consumidores.

Personajes identificables

Prepárate para noticias devastadoras. El personaje identificable en una historia del consumidor es *el consumidor*. Ya sé. Qué locura. Cuando hablamos del personaje identificable en una historia del consumidor, es menos sobre el quién y más sobre el cómo. ¿Cómo haces que tu consumidor sea un personaje con el que tu audiencia se pueda identificar y confiar? La respuesta varía dependiendo del medio en el que compartes la historia.

Si, como Native Deodorant, estás construyendo un museo de historias basado en reseñas de consumidores, asegúrate de que el proceso que usas y las preguntas que haces alienten al consumidor a expresar su verdadero ser. Pulgares arriba contra pulgares abajo nos dice muy poco sobre los dueños de esos pulgares.

Si quieres tener un acercamiento más activo a tus historias del consumidor, tal vez podrías grabarlas, publicar una imagen y una historia en Instagram o hacer que ellos compartan su historia en vivo en algún evento. Si tienes identificados algunos consumidores que están a la altura del desafío, entonces recuerda esto: la perfección es tu enemiga. Muy bien hecho es sospechoso.

Vi los comentarios extra de la película de 2003 *Realmente amor* y nunca olvidaré lo que el director dijo durante la escena final cuando la niña de primaria canta a viva voz el clásico navideño "All I Want for Christmas". Al parecer, era muy buena para ser creíble. Tuvieron que pedirle que cantara de nuevo, pero no de manera tan perfecta. Necesitaban errores en la grabación para que el personaje fuera creíble.

El hecho de que una niña cante así de bien es tema de conversación para otra ocasión. Por ahora, cuando se trata de tu personaje identificable, resiste el deseo de hacerlo perfecto, el deseo de suavizar cualquier borde rugoso. Las películas y comerciales necesitan actores, las historias del consumidor sólo necesitan consumidores.

Emociones auténticas

La gran ventaja de las historias del consumidor y por lo que vale la pena el esfuerzo extra al buscarlas es que las emociones auténticas viven en cada palabra. No hay nada más genuino que lo que sale de manera natural de un consumidor cuya vida cambió gracias a lo que ofreces. Pero las emociones que sintieron antes de probar tu producto son más valiosas que las emociones que sintieron después. Las historias del consumidor viven y mueren dependiendo de las emociones que se comparten en la normalidad de la historia.

Cuando busques y cuentes historias del consumidor, recuerda esto: la alegría o alivio que sienten (emoción auténtica) después de encontrarte sólo importa cuando se pone en contraste a cómo se sentían *antes* de hacerlo.

Un momento

Como en los tipos de historias anteriores, incluir un momento específico fortalece la efectividad de una historia del consumidor. Y aunque tu control sobre estas historias es limitado, puedes alentar la inclusión de un momento al hacer preguntas como: "¿Dónde estabas la primera vez que probaste nuestro producto?" o "¿recuerdas dónde estabas la primera vez que escuchaste sobre nuestro servicio?" Estas preguntas motivan un instante significativo. Las respuestas que recibas con frecuencia incluirán el momento *para* ti.

Detalles específicos

Como se mencionó antes, los detalles específicos dan a la historia del consumidor su irresistible sentido de realidad. Los comentarios o motas de realidad mal pensadas y pequeñas corren el riesgo de ser descartadas por completo. Claro, tú nunca harías eso, ahora lo sabes.

Éste es, tal vez, el componente más divertido y gratificante de la historia del consumidor: escuchar los detalles únicos de las experiencias de tus consumidores que de otra forma no conocerías. Creo que nunca me cansaré de leer correos que describen cómo mis consumidores (por lo general, gente en la audiencia de mis presentaciones o quien lee mi trabajo) han usado sus historias. Incluyen detalles como qué botana se sirvió durante una reunión mientras contaban una historia a un contacto nuevo o el sonido que el CEO hacía golpeteando su pluma de manera impaciente antes de una gran presentación, golpeteo que se detuvo cuando mi consumidor contó una historia.

Mantente alerta de estos pequeños detalles y pon atención a tu imaginación cuando te cuentan o escriben su historia. ¿Qué detalles atrajeron tu respuesta cocreativa? ¿Qué detalles tomaste de manera sutil y te llevaste contigo? Deja que eso sea tu guía para los detalles que al final son compartidos.

UNA ÚLTIMA VERDAD SOBRE LAS HISTORIAS DEL CONSUMIDOR

Antes de cerrar este capítulo y avanzar a la última parte del libro, permite que me quite los lentes rosados por un momento y te diga en voz alta lo que podrías estar pensando después de leer esto.

Las historias del consumidor no son fáciles.

Trabajé con una marca internacional que quería contar la historia de uno de sus consumidores. Pero cuando llegó el momento de discutir qué historia contar, el equipo de inmediato sugirió crear un consumidor en vez de buscar uno real. Crear a una persona y después contratar a un actor para interpretarla. Pensaron que sería un camino fácil, ¡que es verdad! Se necesita trabajo extra para encontrar consumidores, hablar con ellos, preguntar cuál es su historia real. Lleva mucho tiempo escuchar y hacer preguntas que te permitan revelar la emoción auténtica y detalles específicos. En muchos casos, el equipo de publicidad, que con frecuencia es el encargado de contar la historia, no tiene ninguna interacción con los consumidores en lo absoluto. Esto no es una crítica, es una realidad. Su trabajo es sentarse en salas de juntas con paredes de pizarrón y crear consumidores y, mientras tanto, en la recepción o sentados en el centro de servicio a clientes está la gente que sí interactúa con los consumidores.

La historia del consumidor es difícil porque tienes menos control sobre ella. No es tuya, es de ellos. Pero descubrí que el verdadero reto es un síntoma de un problema mucho mayor en los negocios: en concreto, lo aceptable que se ha vuelto estar desconectado de nuestros consumidores reales. Las comunicaciones con los clientes se han automatizado y, como resultado, se ha creado un terreno baldío. Sin conversaciones reales con los consumidores nos vemos obligados a inventar versiones de ellas basadas en datos y encuestas.

Es cierto, la historia del consumidor requiere algunos pasos y esfuerzos extra, pero imagina lo transformativo que sería si alientas a tu equipo y te comprometes a buscar las historias de tus consumidores y permites que sus voces sean escuchadas.

CREANDO TUS PROPIAS HISTORIAS ESENCIALES

Llegamos al final de la parte dos y de las cuatro historias esenciales que necesitan los negocios para prosperar. En la parte tres echaremos un vistazo paso a paso a cómo hacer tres cosas específicas:

- Encontrar las posibles historias dentro de tu negocio al escoger qué tipo de historia te funciona mejor y después juntar algunas para contar.
- Transformar las mejores ideas en historias geniales usando el marco narrativo Steller y algunas técnicas comprobadas para hacer el trabajo tan fácil como sea posible.
- Contar tus historias esenciales de forma auténtica que te ayuden a cerrar las brechas con todo tipo de audiencias y hacer tus historias impactantes.

Como les gusta decir a los narradores… "¡Y ahora la trama se complica!" Hagámoslo.

PARTE 3

Crea tu historia

Encontrar, escribir y contar tu historia

8

Encontrar tu historia

Cómo encontrar historias en donde sea

> Ser una persona es tener una
> historia para contar.
>
> Isak Dinesen

En octubre de 2016 me invitaron a hablar en el Festival de Narración de Mesa, en Mesa, Arizona. El festival era conocido por llevar a los mejores contadores de historias de la época y no puedo describir lo emocionada que estaba, no sólo por la oportunidad de contar una historia a una audiencia entusiasta y comprometida, sino porque tendría el honor de presentar a la estrella de todo el evento. Mi mentor. Mi ídolo: Donald Davis.

Me senté a su lado, justo antes de su participación, mientras otro narrador se presentaba en el escenario. Me movía en el asiento, jugaba con los dedos, movía la pierna de forma abrupta, todo por los nervios que sentía de presentar al hombre más importante en mi vida además de mi padre (Michael y yo apenas habíamos empezado a salir en esos tiempos así que definitivamente estaba detrás de Donald).

En contraste perfecto con mi conducta, Donald estaba calmado, tranquilo y sujetando sin apretar una hoja de papel. Me pregunté si ese papel tenía estrategias detalladas para el nerviosismo, así que traté de leer lo que decía. Vi una lista de palabras escritas a mano que sabía que eran de él. Nombres de personas. Anotaciones sobre situaciones, hechos o momentos. Cuatro o cinco columnas de eso, cada una con al menos 20 enunciados o palabras. Recuerdo pensar que las palabras en la hoja se parecían un poco a la manera en que los episodios estaban enlistados en mi colección de DVD de *Friends*: "El del nuevo cerebro de Joey" o "En el que a Chandler no le gustan los perros".

Y después reconocí qué eran en realidad: posibles historias. En sus manos Donald tenía una lista de cientos de historias posibles que podría contar en su intervención. Me incliné un poco, echando un vistazo a la lista. Tantas historias.

Mi espionaje fue interrumpido por el sonido de los aplausos. El narrador había terminado y me tocaba a mí. Subí al escenario, tomé el micrófono y di lo mejor para hacerle justicia. Cuando decía su nombre, vi a Donald doblar con decisión su hoja con la lista de opciones de historias, la colocó en su bolsillo, acomodó el nudo de su corbata y caminó hacia el escenario. Pasé los siguientes 90 minutos escuchando, con asombro, las historias que había decidido contar. Me preguntaba cuándo podría escuchar el resto de historias que no contó de esa lista.

La única y mayor barrera para no contar tu historia no es la procrastinación o tener miedo de compartir un escenario, es asumir que no tienes una historia en primer lugar.

En un principio esto me impedía contar historias. Fue a comienzos del siglo XXI cuando sentí por primera vez el deseo de contar historias de mi vida. Pero dudaba. ¿Qué derecho tenía, una joven de veintitantos años de una familia amorosa y clasemediera, a compartir sus historias? No eran lo suficientemente dolorosas ni oscuras. Debía mantenerlas para mí. Hasta que aproveché la oportunidad, en una noche de micrófono abierto en la Ciudad de Oklahoma, y compartí la historia de un desamor común y corriente, me di cuenta de que la gente conecta con historias sin importar qué tan grandes, trágicas, pequeñas o dulces sean, siempre y cuando sean reales.

Incluso si tus historias son pequeñas, las tienes, y vale la pena contarlas.

Dicho eso, nadie es inmune a este miedo de no tener historias. Incluso gente con grandes historias cree que no las tiene. Nunca olvidaré cuando tomé asiento en un avión y vi de reojo al caballero sentado a mi lado. Era un hombre pequeño, modesto, de cabello castaño, lentes, a mediados de sus cincuenta. Cuando me senté, apenas me vio. Estaba ocupado en una llamada telefónica y observando la mesa con el ceño muy muy fruncido. Mientras me deslizaba hacia el asiento escuché fragmentos de su conversación, que me motivaron a, no muy diferente a la vez del festival de narración con Donald Davis, echar un vistazo a la pantalla de su teléfono y vi la foto de un incendio masivo que, si mis ojos no me engañaban, salía del suelo.

El hombre acercaba y alejaba la imagen del incendio. Me di cuenta de que mi vecino estaba muy metido en su conversación para poner atención en si yo estaba viendo o no. La imagen mostraba a un hombre con un escudo tratando de acercarse al fuego.

Murmuró algo sobre metralla de concreto en el piso, que la torre de perforación estaba en riesgo y que sí, tendría que regresar y dirigirse al Medio Oriente. Terminó la llamada y de inmediato llamó a alguien más y le dijo que empacara para siete semanas y tomara el siguiente vuelo al Medio Oriente.

Terminó la llamada y suspiró.

Incómoda por el repentino silencio, decidí llenar el espacio con algo de conversación rara de avión y reí de forma nerviosa sobre el espacio del compartimento superior. Intercambiamos los clichés comunes de los aviones hasta que reveló que se suponía que visitaría a su madre por su cumpleaños número 90.

Pero al parecer tengo que regresar y dirigirme al Medio Oriente.

Respondí con mi mejor fingimiento de inocencia: "¿Oh?"

Reveló que era experto internacional en combatir incendios en plataformas petroleras cuando son atacadas por terroristas. Era callado y reservado cuando me contó sobre su trabajo, sobre su mejor amigo que murió en un campo petrolero cuando inhaló un gas nocivo y cómo, aunque sus hijos mayores y su esposa deseaban que se retirara, todavía se sentía obligado a entrenar a otros para combatir estos incendios.

Estuve en verdad fascinada con su historia todo el vuelo. Cuando comenzamos a descender le pregunté si alguna vez había compartido estas historias.

Me miró con incredulidad.

"¿Historias? No tengo ninguna historia", dijo con seriedad.

Yo pensé que sus historias eran cautivadoras sin ningún esfuerzo, lo que más me sorprendió (lo que siempre me sorprende) era que él no las veía como historias. O al menos no como algo que valiera la pena contar.

Si alguna vez has dejado que la creencia de que no tienes una historia te impida contar una, déjame asegurarte algo: estás muy equivocado. Sí, las historias vienen en todas formas y tamaños, pero cada uno de nosotros las tiene y hay lugar para todas.

El problema no es que no las tengas.

Es que no sabes cómo encontrarlas.

Por fortuna, ese problema se puede arreglar.

ENCONTRAR HISTORIAS EN DOS PASOS

A estas alturas, debes estar convencido del poder de las historias. Ya sabes por qué las historias son tan importantes, cómo funcionan y conoces los cuatro tipos esenciales de historia para los negocios. Pero tal vez la duda todavía sobrevive. *¿Tengo una historia que contar? Si es así, ¿cómo encuentro la correcta?* Éstas son las dos preguntas apremiantes que vamos a contestar a continuación y para hacerlo, dividiré la respuesta en dos procesos distintos: recopilar y seleccionar.

El primer proceso es la *recopilación de historias*. Se trata de generar ideas sin importar si son buenas, apropiadas, útiles, incluso si se pueden contar. La recopilación de historias es una lluvia de ideas, pero con herramientas que te ayudarán a evitar la intimidación de la página en blanco.

El segundo proceso es la *selección de historias*. No todas las historias funcionarán para todas las situaciones. Una vez tuve que dar un discurso en el banquete de la National Honor Society de mi preparatoria y, después de procrastinar hasta el último momento, decidí contar una historia sobre un desagüe tapado. No preguntes. Pero sí, fue tan mal recibida como podrás imaginar. Aprendí por las malas que encontrar una historia es una cosa y seleccionar la correcta es otra.

Encontrar una buena historia es una combinación de las dos: recopilar y seleccionar.

ENCONTRAR LA HISTORIA, FASE 1: RECOPILACIÓN DE HISTORIAS

¿Alguna vez has tratado de sacarle una historia a un familiar de edad? Una vez le pregunté a mi abuela sobre la Gran Depresión. Necesitaba escribir un trabajo para un proyecto escolar. Me senté con ella, papel y pluma en mano, la grabadora lista para captar hasta el último detalle de las historias que sin duda me contaría.

Le pedí: "Abuela, cuéntame sobre la Gran Depresión". Entonces me preparé con la pluma.

"Oh, no lo sé —murmuró—. Estuvo bien."

Y eso fue todo. Era todo lo que tenía que decir.

Recuerdo observarla. Después de todo, era lo opuesto de todo lo que había escuchado sobre la Gran Depresión. Depresión estaba en el título, por amor de Dios. No era la Gran Alegría. No sólo me preocupé de inmediato por la calificación de mi trabajo, también estaba muy decepcionada y frustrada. Sabía que mi abuela estaba llena de historias. ¿Por qué no me las contaba?

Por mis años trabajando con líderes en el área de narración estratégica, sé que es probable que aquí sea donde te atores y no sepas por qué. Sabrás que necesitas una historia y te preguntarás: "¿Qué historia debería contar?" Las respuestas que obtendrás serán parecidas a la que me dio mi abuela. Nada. Y estarás tan desalentado como lo estuve yo.

Pero no era que mi abuela no tuviera ninguna historia y no fue su culpa que no sacara una lluvia de narraciones sobre mí. No es la falta de historias lo que te impide encontrar las tuyas, sino las preguntas inefectivas que usamos para obtenerlas. Le hice una mala pregunta a mi abuela. Obtener mejores historias (o historias en primer lugar) requiere de hacer mejores preguntas. Y cuando hablamos de mejores preguntas, hay una cosa muy importante que recordar: nuestras historias están atadas a los sustantivos de nuestra vida.

Los sustantivos de nuestra vida son las personas, lugares, cosas y eventos en nuestra vida.

Cuando estás batallando para encontrar una historia, una clave para hacer una mejor pregunta es cambiar tu pensamiento a sustantivos. Haz una lista de gente, lugares, cosas o eventos. Y mientras las escribes, haz espacio mental para los recuerdos conectados a esos sustantivos que vendrán a ti.

Por ejemplo, hace muchos años pasé una tarde con mi abuelo, que había festejado su cumpleaños 93. Dado que casi no lo veo y menos a solas, estaba ansiosa por escuchar algunas de sus historias, en particular su experiencia durante la Segunda Guerra Mundial. Así que, en vez de decir "abuelo, cuéntame sobre la guerra", enfoqué mi pregunta en un sustantivo.

—Abuelo, ¿dónde estabas en la Segunda Guerra Mundial? —pregunté.

—En Perth, Australia —respondió.

—Cuéntame sobre Perth, Australia —dije.

Fue como si hubiera dicho la palabra secreta que abrió una cueva oculta de historias. Por hora y media, mi abuelo me contó con gran detalle sobre su experiencia en Perth, o sea, historias sobre su experiencia durante la Segunda Guerra Mundial. Me habló sobre las barracas donde dormían. Cómo las ratas corrían sobre las literas superiores toda la noche. Me contó sobre un pueblo abandonado y las aventuras que tenían los fines de semana, cuando iban a la costa. Todo porque cambié la pregunta para enfocarme en un lugar en vez de una experiencia general.

Este cambio, claro, funciona para todo tipo de actividades en busca de historias, incluidas las de negocios. En particular si tienes que contar historias del propósito para alinear equipos. Usar la estrategia del sustantivo para encontrar historias te da acceso ilimitado a las posibilidades de la historia.

Gente, lugares, cosas, historias

Hace muchos años trabajé con un ejecutivo que necesitaba crear un mensaje sobre innovación. El mensaje tenía que comunicar la dura realidad de que, aunque la innovación es sorprendente, también puede ser dolorosa. El mensaje era oportuno. Para él era importante no sólo hablar de innovación, sino contar una historia sobre ella, con la esperanza de que, cuando se encontraran en uno de esos momentos dolorosos, los miembros de su audiencia recordaran este mensaje y, por lo tanto, estuvieran más capacitados para manejar el dolor.

Por desgracia, justo como preguntarle a mi abuela sobre la Gran Depresión, buscar historias sin un enfoque estratégico no estaba dando resultados. Así que decidimos enfocarnos en sustantivos para buscar algunas opciones. Hicimos listas de varios objetos tecnológicos de innovación que había presenciado en su vida con la esperanza de que, al escucharlos, surgiera una historia.

Hicimos una lista de los reproductores de música que había visto en su vida: tocadiscos, cartuchos de ocho pistas, radiocaseteras, estéreos portátiles, walkmans, discmans y iPods.

Luego hicimos una lista de varias computadoras que había tenido, visto o usado.

Después una lista de los teléfonos en su vida: teléfonos de disco, teléfonos inalámbricos y celulares.

Con cada sustantivo hablábamos un poco sobre cualquier recuerdo que tuviera, memorias que pudieran, con un poco de trabajo, convertirse en una historia. Y aunque había pedazos de historias que se podían contar para cualquiera de los sustantivos, no fue hasta que llegamos a los celulares que una historia perfecta brincó hacia nosotros.

En el proceso de enlistar los teléfonos, el hombre recordó el primer celular que vio. Era de su padre y venía en un maletín. Un día, el papá le preguntó si él, un adolescente en esa época, quería acompañarlo a hacer un encargo. Cuando el joven se dio cuenta de que el teléfono también iría, accedió.

En el camino su padre se detuvo en una gasolinería y cuando desapareció para pagar, él sacó el teléfono, llamó a su mejor amigo y colgó justo antes de que su padre regresara al carro.

Fiu. Se sentía muy bien por haber llamado a su amigo desde un carro y, mejor aún, porque su padre nunca se enteraría...

Excepto, claro, que su padre sí se enteró.

Unas semanas después, cuando llegó la cuenta.

Esa llamada de 30 segundos costó 300 dólares.

La innovación es sorprendente, pero también puede ser dolorosa.

Si alguna vez estás batallando para encontrar una historia, acude a los sustantivos relacionados al mensaje que quieres dar. De hecho, siéntete libre de probar este ejercicio ahora.

Haz una lista de todos los trabajos que has tenido. Haz una lista de todas las casas donde has vivido. Haz una lista de tus maestros en la escuela o entrenadores de deportes. Y con cada sustantivo que escribas, tómate un momento. Es probable que un recuerdo o dos lleguen a ti. Un recuerdo que puede transformarse en una historia.

Desbloqueando más historias

Enfocarse en sustantivos es un gran truco para llevar historias al frente de tu memoria. Aquí hay algunas indicaciones adicionales que uso para encontrar la historia perfecta:

Piensa en las primeras veces

Nunca olvidaré la primera vez que vi a mi esposo; la primera historia que conté; mi primer empleo de verano o la primera conferencia de narración que di. Nunca olvidaré la primera vez que un cliente me llamó embelesado por completo por la respuesta que recibieron por una historia que contaron y el darme cuenta, cuando colgué el teléfono, de que tal vez esto era más grande de lo que pensé en un principio. Nunca olvidaré mi primer desamor real o la primera vez que fui a clases de bicicleta fija. Detrás de cada uno de estos recuerdos hay una historia importante que se podría contar. De hecho, estoy tomando notas mientras escribo. Tantas historias que había olvidado vienen a mí...

Si estás batallando para encontrar tus historias, cambia tus pensamientos a las primeras veces en tu vida. Podrían ser primeras veces relacionadas con el mensaje que quieres dar de una manera obvia (la primera vez que viste tu producto en acción, el primer día que abriste al público de manera oficial, tu primera llamada de ventas) o de una manera más distante (la primera vez que probaste un pasatiempo que ahora amas, la primera vez que conociste a alguien que ahora es importante para ti). La historia que terminas contando podría no ser sobre la primera vez de algo, pero enfocarse en una primera vez para comenzar es una buena forma de desbloquear tus recuerdos y darte más opciones de historias.

Haz una lista de quejas y preguntas de consumidores

Con frecuencia ésta es una conversación incómoda. Después de escuchar las maravillas que hace una compañía, le pregunto al cliente: "¿Entonces por qué la gente *no* te escoge?" Y aunque nadie disfruta hablar de esto, si sabes por qué tus consumidores dicen que no a lo que tienes, puedes contar historias que alivien sus preocupaciones. Si sabes que piensan que tu producto es muy caro, busca historias que ilustren cómo tu producto les ahorra dinero a largo plazo. Si sabes que son reacios al cambio, busca una historia que ilustre el dolor de no cambiar a tu solución.

Lo mismo aplica para las preguntas que tus consumidores te hacen con más frecuencia. Piensa en el capítulo 4 y los dos sistemas en nuestro cerebro, el que va con la corriente y el que lidia con las cosas difíciles. Cuando nos hacen una pregunta, con frecuencia nuestro primer instinto es responder con lógica y, como resultado, nos enredamos con el sistema 2. Aunque si conoces con antelación las preguntas más comunes que hace la gente sobre tu producto o negocio, puedes encontrar historias que las contesten de forma más eficiente que una lista de puntos lógicos, esto ayudará a mantener a tus consumidores en el espacio tan deseado del sistema 1.

Busca momentos en los que has visto tu mensaje en acción

Mi cosa favorita sobre este punto es que te da el ánimo y la libertad de buscar tus historias donde quieras. Si quieres dar un mensaje sobre perseverancia, puedes contar una historia sobre un prototipo que necesitó muchos intentos fallidos para, por fin, funcionar. Podrías contar la historia sobre las ganas que tenías de hacer un split pero no podías hasta que averiguaste cómo después de semanas de practicar (en tu habitación, en el patio y en la iglesia). Mientras la historia concuerde con tu mensaje, casi cualquier cosa funciona.

Hazte muchas preguntas

El número de historias que puedes encontrar sólo está limitado por el número de preguntas que te haces. Aquí hay una lista de preguntas que uso para descubrir historias que de otra forma habría olvidado.

- ¿Cuándo has tenido que ser ingenioso para sobrevivir?
- ¿Cuál fue el peor día en la historia de tu negocio?
- ¿Cuándo has hecho llorar a un consumidor? ¿Por buenas razones? ¿Por malas?
- ¿Cuándo has hecho que un consumidor deje de llorar?
- ¿Qué es lo más difícil que has hecho en los negocios?
- ¿La vida de quién es diferente gracias a tu negocio?
- ¿Cuál es el momento de más orgullo en tu trabajo o negocio?
- ¿Sin qué evento o decisión no habría sobrevivido tu compañía?
- ¿Cuándo te has sorprendido o equivocado sobre alguien o algo en tu negocio?
- ¿Cuál fue tu primera venta?
- ¿Cuál fue tu venta más significativa?
- ¿Recuerdas alguna venta perdida?
- ¿Quién es tu consumidor más satisfecho?
- ¿Quién es tu consumidor más insatisfecho?
- ¿Cuál fue tu momento más vergonzoso?
- ¿Cuándo te han dicho que no puedes lograr algo?
- ¿En qué momento te diste cuenta de que el trabajo que haces vale la pena?

Sin importar cuál de éstas elijas, una vez que reduzcas la lista y comiences a investigar, encontrarás mucho más material del que imaginaste que había.

La gran mentira

Estaba leyendo un libro y el autor sostenía que, para tener historias que valgan la pena contar, necesitas una existencia interesante, sugiriendo que la fuente de tu falta de historias es que tu vida no vale la pena. Admitiré que, aunque no soy propensa a tener expresiones físicas de ira, aventé el libro al otro lado de la habitación. Mentiroso.

Si este pensamiento se arrastra cerca de ti, ignóralo.

Es una mentira. Una mentira común. Pero mentira a fin de cuentas.

Tu vida está llena de historias. Sé que puede sonar atrevido, en especial para alguien sentado frente a una hoja de papel en blanco… que siente que no tiene una historia en el mundo y que nunca le ha pasado nada que valga la pena contar.

La verdad es algo que he dicho muchas veces a lo largo de este capítulo: si alguna vez sientes que no tienes historias, no es porque no las tengas, es porque nuestras historias no suenan como tal para nosotros. Nuestras historias suenan como vida. El ejercicio de localización de historias de este capítulo te ayudará a sintetizar momentos específicos y revelarlos por lo que son en realidad: historias esperando ser encontradas y contadas.

ENCONTRAR LA HISTORIA, FASE 2: SELECCIÓN DE HISTORIAS

Sí, tienes historias. Si trabajas con la lista de arriba es probable que termines abrumado por las posibilidades. O tal vez nunca te ha costado trabajo encontrar historias. Tal vez tu reto sea que siempre has sabido que tienes historias para contar, pero nunca has estado seguro de dónde empezar.

Esto nos lleva a la segunda parte de encontrar historias. Ahora que ya recopilaste algunas opciones, debes seleccionar cuál trabajar y contar. Suzanne y su compañía enfrentaban justo ese problema: no el de recopilar si no el de seleccionar.

Para los dueños de mascotas, pocas cosas son más difíciles que tener un perro, gato u otra amada mascota con necesidad de atención médica y no poder pagarla. Suzanne Cannon conoce muy bien esa experiencia. Cuando su perro se enfermó de gravedad durante un fin de semana, su única opción era una clínica veterinaria para emergencias. Pero como pasa con los humanos, cuando se trata de atención médica para mascotas, *emergencia* es otra palabra para *costoso*. Antes de que el fin de semana acabara, Suzanne enfrentaba una cuenta de 4 mil dólares que no tenía idea de cómo pagar.

En un momento en el que atravesaba un difícil divorcio, el dinero escaseaba y no podía obtener financiamiento de un tercero porque ya tenía un crédito. La clínica de emergencias no aceptaba planes de pagos.

¿Qué haces si un ser amado necesita atención y no puedes pagar? Es un dilema desgarrador.

Con el tiempo el perro de Suzanne se recuperó, pero la agonía de tener un perro enfermo y no tener forma de pagar la atención médica se quedó atascada en ella. Ése fue el comienzo de Vet-Billing, que ayuda a veterinarios a otorgar planes flexibles de pagos a los propietarios de mascotas.

Suzanne y su socio, Tony Ferraro, dirigen VetBilling y la narración es fundamental para su proceso de ventas. A diferencia de muchas compañías que esperan que las características y beneficios hagan el trabajo, Suzanne estaba convencida de que necesitaban conectar en un nivel emocional. Ha usado su historia desde el principio para ilustrar el problema que enfrentan los dueños de mascotas y veterinarios y cómo VetBilling podría ayudar.

Al principio las cosas parecían funcionar. Estaban inscribiendo veterinarios al programa de VetBilling sin dificultades. Pero de manera gradual un problema comenzó a surgir. No tenían ingresos. A pesar del número de veterinarios inscritos, no entraba dinero.

Suzanne y Tony se dieron cuenta de que enfrentaban un problema de ventas más serio. Aunque los propietarios de mascotas eran quienes generaban los ingresos de VetBilling mediante el uso de planes de pagos, la única manera de conseguir dueños de mascotas con planes era siendo referenciados por los veterinarios. Aunque el veterinario estuviera inscrito con VetBilling, no pasaba nada a menos que él usara el programa con sus clientes. En esencia, VetBilling necesitaba que los veterinarios estuvieran en verdad comprometidos para tener éxito.

"Cuando empezamos —dijo Tony—, conseguíamos 10 clientes en un mes. Pero no significaba que ellos nos mandaran algún pago por los planes. Decían que era genial y lo entendían, pero no nos usaban."

En esencia, el reto de VetBilling era opuesto al que tiene un servicio de membresías como un gimnasio. Un gimnasio sólo necesita que la gente se inscriba (tanta como sea posible) a membresías de planes mensuales. No importa si el cliente en realidad usa el espacio, al gimnasio como sea le pagan. No era así para VetBilling. La única forma en que hacían dinero era si sus clientes usaban el programa. La historia inicial funcionó, pero no resolvió la segunda parte del proceso de ventas, la parte que significaba ingresos para VetBilling y que ponía comida en el plato de Suzanne y en el de su perro. ¿Cómo conseguir que los veterinarios usaran el servicio una vez que se registraban?

Ése era un problema que una historia tendría que resolver.

Pero no cualquier historia. La historia adecuada.

Cualquier historia *versus* la historia adecuada

La historia de Suzanne (la que contaba a posibles nuevos veterinarios) era una clásica historia de la fundación. Era excelente. Su conmovedora experiencia había llevado a la creación de todo un negocio. Era cautivadora, auténtica y si querías seguridad de que estaba comprometida, su historia de la fundación hacía el trabajo muy bien. Pero no aumentaba los ingresos de VetBilling. Inscribirse estaba libre de costos y de riesgos. Los veterinarios podían acceder con facilidad y lo hacían. Conseguir que los veterinarios usaran el servicio requería una historia diferente. Una historia que mostrara el valor de usar sus servicios. Una historia que conectara con lo que mantenía a los veterinarios despiertos durante la noche y mostrara a VetBilling como la solución a ese problema.

Suzanne y Tony sabían qué era esa cosa: el horrible acto de tener que rechazar una mascota porque su dueño no podía pagar. Sabían que los veterinarios enfrentaban las situaciones estresantes y difíciles que muchos profesionales de la salud enfrentan. Pero ellos enfrentaban un reto extra que muchos doctores y enfermeras no: casi nadie tiene seguro para mascotas. La industria es casi por completo un negocio de efectivo y muchos propietarios no pueden pagar el costo de una visita inesperada.

Imagina que eres un veterinario. Es casi seguro que entraste al negocio por tu amor a los animales. Empatizas de manera profunda con el lazo entre los dueños y sus mascotas. Pero también manejas lo que en esencia es un pequeño hospital, con equipo de diagnóstico, servicios quirúrgicos y de hospitalización. Es caro. No puedes permitirte atender gratis a cada mascota.

¿Qué le dices a un propietario que no puede pagar un procedimiento de vida o muerte para el perro familiar? ¿Cómo haces para mantener tu negocio y ayudar a cada persona y su mascota?

Después de reflexionar en el dilema que enfrentaban sus clientes, VetBilling cambió su estrategia a contar historias del valor, lo que cambió todo. Al final del día, seleccionar la historia adecuada para tu situación (en vez de cualquier historia) hace toda la diferencia.

Si tu meta es tener más historias para contar en eventos familiares, en reuniones con los amigos de tu pareja o al lado de la cancha durante los partidos de tus hijos, entonces sólo recopilar historias será suficiente. Pero cuando quieres usar historias de manera estratégica, en particular en los negocios, seleccionar la historia adecuada es igual de importante. Un buen lugar para comenzar el proceso de selección es con los cuatro tipos esenciales de historias que discutimos en la parte dos de este libro. Esas historias son una forma directa de reducir un número infinito de historias a sólo unas cuantas que funcionan para objetivos específicos.

Aquí hay una pequeña lista de trucos:

- Selecciona una historia del valor si quieres ventas más efectivas y publicidad.
- Selecciona una historia de la fundación si quieres aumentar la seguridad y diferenciarte.
- Selecciona una historia del propósito si quieres alinear y motivar a tu equipo.
- Selecciona una historia del consumidor si quieres mejores ventas, publicidad y credibilidad.

Con el paso de un periodo razonable de tiempo, la mayoría de las compañías necesita las cuatro historias. No hay negocio duradero que no haya pasado el proceso de fundación, crecimiento de ventas, formación de equipos y dar servicio a clientes. Además, el propósito de cada historia no es exclusivo. Por ejemplo, una buena historia de la fundación también funciona para vender. Una historia del propósito impresionante puede provocar cerrar tratos. Las cuatro historias se superponen. Pero verlas como diferentes tipos de historias te ayuda a seleccionar la adecuada.

Así que pregúntate qué historia necesitas más en este momento. ¿Qué objetivo es más apremiante? Una vez que afines el objetivo, usa los cuatro tipos como guía para cambiar entre las opciones de historias que encontraste en el proceso de recopilación y encontrar la que te funciona mejor.

Este sutil pero poderoso cambio de contar historias del valor era lo que VetBilling necesitaba. Ahora, en vez de enfocarse en la historia de la fundación, que todavía tenía su lugar, claro, comenzaron a crear una colección de historias del valor de los mismos veterinarios. Historias que ilustraban el verdadero valor de lo que era posible con VetBilling: la habilidad de realizar el mayor deseo de cualquier veterinario… ayudar a tantas mascotas como fuera posible.

Los resultados llegaron con rapidez.

Tony dijo: "Se triplicó, cuadriplicó la obtención de clientes. Una vez que empezamos con la campaña, en verdad se expandió. Ahora, de los veterinarios que se registran por nuestras historias, 95% de ellos nos manda trabajo de inmediato".

Todo se trata de la audiencia

La historia de VetBilling nos enseña lo siguiente: hacer que una historia funcione para tu negocio se trata tanto de seleccionar como de contar. No es suficiente encontrar una historia. Tienes que seleccionar la adecuada. La que se acopla a tus necesidades, a tu negocio y a tu audiencia.

La última es fundamental: tu audiencia.

Recuerda, no estás contando una historia por el bien de la historia. De verdad espero que no estés contando una historia sólo para escuchar tu voz. Si estás contando una historia en negocios, se la estás contando a un público por una razón. Éstas son las primeras dos preguntas que siempre hago cuando me siento con un cliente:

1. ¿A quién le vas a contar esta historia?
2. ¿Qué quieres que piensen, sientan, sepan o hagan?

Las respuestas a estas preguntas son parte esencial del proceso de selección de historias. Si el cliente está contando su historia a nuevos posibles consumidores que necesitan la seguridad de que este empresario es la persona correcta para el trabajo, seleccionamos historias que muestren la competencia y pasión del empresario y que tenga una dosis de "quieres lo que yo tengo". Si la audiencia es una mesa directiva escéptica que le interesa y tiene dudas sobre la efectividad del producto, escogemos una historia del producto prosperando bajo presión y, si es posible, incluiremos personajes que también eran escépticos, pero se volvieron creyentes después de decir sí.

En esencia, el arte de seleccionar una historia se trata de saber dónde se cruzan tu público y tu objetivo. Observa los momentos que has recopilado, selecciona una historia que caiga en esa intersección en particular... y serás oro.

ENCONTRAR HISTORIAS EN EL MOMENTO

Pasamos la mayor parte de este capítulo discutiendo formas de encontrar historias que sucedieron en el pasado: momentos en tu historia que podrían, con un poco de trabajo, hacer que un mensaje más grande cobrara vida y resultar en grandes remuneraciones. Pero sería negligente si no mencionara mi forma favorita de encontrar historias: verlas desarrollarse ante mis ojos.

Hace poco, al abordar un vuelo vi a una señora mayor, su hermana y una sobrecargo en medio de una batalla por colocar el equipaje en el compartimiento superior. Al parecer, la mujer mayor le pidió a la asistente de vuelo que la metiera por ella. La asistente respondió que no lo tenía permitido por su contrato. ¿Tal vez alguien lanzó un golpe? No estoy segura. Me perdí esa parte. Pero algo grande debió de suceder, porque para cuando me senté, la sobrecargo estaba amenazando a la anciana de 80 años y a su hermana con sacarlas del vuelo.

Dado que no presencié el comienzo del altercado, no era claro quién tuvo la culpa, pero de cualquier forma todo el asunto pareció un poco extremo. Al final, cuando la asistente de vuelo llamaba a los agentes para sacarlas, la hermana logró calmar la situación al explicar que era el primer vuelo de las dos en muchas décadas y que no estaban conscientes de que las políticas habían cambiado. Después contó la historia de la reunión familiar a la que iban y de lo emocionadas que estaban de juntarse todos de nuevo.

La historia salvó el día. La asistente de vuelo de inmediato se suavizó y contó la historia sobre una reunión familiar a la que había asistido hacía poco. Las hermanas y la sobrecargo descubrieron que compartían raíces del Medio Oeste. Intercambiaron historias e información de contacto y se abrazaron cuando aterrizamos. Vi todo esto desarrollarse y pensé que había más de un relato aquí. Observé varias historias: la de servicio al cliente, la de sacar conclusiones, la de malos entendidos y la de cómo saber la historia de alguien más lleva a una mejor conexión, entendimiento y compasión.

Tomé algunas notas sobre esta interacción y pensé que algún día contaría esta historia. (De manera técnica, supongo que ese día llegó, aunque no es con el propósito que pensé en un principio.)

Éste es un recordatorio de que las historias suceden alrededor de nosotros todos los días. Ahora que estás muy versado en la importancia y valor de las historias, mi esperanza es que seas tan adicto como yo a encontrar nuevas.

Para alimentar esta adicción, sólo deja tu teléfono de lado y mira alrededor. Cualquier momento que te sorprenda podría ser una historia. Un instante que ponga una sonrisa en tu rostro, que te enfurezca un poco, que veas desarrollarse con mucha curiosidad. Cada uno de éstos es excelente material para historias que ocurren en el momento. El riesgo, claro, es que se te olvide. La clave para evitar esto es hacer notas con rapidez de lo que viste, escuchaste o atestiguaste.

Esto no tiene que ser un proceso complicado. De hecho, mi proceso para llevar registro de estos momentos es un poco descuidado. A veces apunto algunas ideas en mi agenda (sí, todavía tengo una), en un cuaderno pequeño (sí, también tengo uno de ésos) o en una aplicación en mi teléfono. A veces me las mando por correo electrónico o publico mis ideas como historias en Instagram que sólo se muestran durante 24 horas y después se archivan en mi historial personal para futuras referencias. Escribo fragmentos de historias en servilletas, en el reverso de recibos, en las esquinas de pedazos de papel rodando por la casa o en mi bolsa.

Mi archivo de historias no es limpio. No es bonito. Y prometo mejorar un día. Mientras tanto, me conformo con, por lo menos, tener algún tipo de historial de lo que veo. Y tú también deberías.

Sin importar la manera en que escojas hacerlo, date un momento para tomar nota de las historias que suceden alrededor de ti para que seas más propenso a recordar los fragmentos de historias y puedas trabajarlos dentro de una narración.

CUANDO ENCUENTRES LO QUE BUSCAS

Creo que lo que estaba buscando durante tantos años lo encontré en el festival de narración, momentos antes de presentar y dar la bienvenida al escenario a mi mentor. Una lista de fragmentos, recopilada durante años y listos para ser contados.

Claro, ésa es la diferencia. La lista de fragmentos de Donald Davis eran más que sólo fragmentos. Cada uno de ellos estaba listo para ser contado porque él se había dado el tiempo de trabajarlos.

Ése es nuestro siguiente paso.

9

Escribir tu historia

Cómo crear historias cautivadoras, aunque creas que no puedes

> Las ideas vienen y van. Las
> historias se quedan.
> NASSIM NICHOLAS TALEB, autor

Cuando hagas el trabajo del capítulo anterior, terminarás con dos cosas. Lo primero es una colección de ideas para historias: las semillas de posibles narraciones para cautivar, influenciar y transformar. Lo segundo es una idea particular que seleccionaste de la colección como la mejor posible para la historia que necesitas.

Tu siguiente trabajo es escribir esa historia de forma que la hagas fascinante para quien la lea, escuche o vea. Cuando vuelvo a leer ese enunciado, me doy cuenta de que esto suena intimidante si nunca te has considerado un tipo de escritor. Tal vez prefieres fórmulas y ecuaciones. O tal vez disfrutas llevar un diario, pero la última vez que tuviste que escribir algo que no fuera un correo o la descripción de un producto seguías esperanzado de que *Lost* tuviera un final adecuado.

Si esto suena a ti, ten por seguro que puedes hacerlo. No lo digo para halagarte. Lo digo porque he visto a la gente más analítica, impávida, autoproclamada más robot que humana conseguir historias inolvidables e irresistibles. ¿Cómo? Usando los sistemas y componentes de este libro. Una fórmula que ya conoces, un sistema que has visto en acción con cada historia que has leído aquí. Ya sea que la narración cautivadora esté en tu ADN o que comas información para desayunar, escribir historias geniales es una simple habilidad que cualquiera puede dominar.

PONER A TRABAJAR EL MARCO NARRATIVO Y SUS COMPONENTES

Recuerdas nuestro marco narrativo del capítulo 3:

Normalidad → Explosión → Nueva normalidad

Tres partes. No nueve. Si me preguntas, eso es lindo. Nueve parece mucho. Tres parece manejable. Y como veremos en este capítulo, sí que lo es. Cada una de estas tres partes juega un papel importante en la creación de historias que cautivarán, influirán y transformarán a tus audiencias.

Sólo necesitas los fragmentos de historias que encontraste en el capítulo anterior, dominar los cuatro componentes de los que hablamos durante todo el libro y la historia que escogiste para ajustarse a tu objetivo. Una vez que tienes estos elementos en su lugar, estarás listo para comenzar a armar tu historia. Y aunque por lo general soy del tipo de "empecemos por el principio", cuando se trata de escribir una historia, es mejor tomar lo que encontraste en el capítulo 8 y comenzar por la mitad.

Explosión: comienza por la mitad

Aunque la explosión es la mitad de nuestro marco de tres partes, he notado que, por lo general, aquí empiezan nuestras historias. Mientras buscabas fragmentos en el capítulo anterior, los recuerdos, los momentos que llegaron a la cima fueron explosiones, porque cuando vivimos una historia, la mayoría de las veces no la reconocemos hasta que estamos a la mitad de ella. No notamos que una historia está sucediendo hasta que llegamos a la explosión. Esto tiene sentido porque la primera parte de cualquier historia es, por definición, normal. De ahí el nombre. En esencia no es una historia hasta que sucede la explosión y, como resultado, no notamos la normalidad hasta que la vemos en contraste con la explosión y la nueva normalidad.

Este pequeño olvido de la normalidad significa que es un lugar muy difícil para empezar cuando escribimos una historia. Es mejor iniciar con la explosión, la cosa que sucede y después trabajar hacia atrás.

Por ejemplo, la explosión en la historia del valor de Workiva fue cuando el aspirante a atleta comenzó a usar el producto de Workiva. La explosión para la asesora financiera fue cuando la descubrieron lavando su dinero. La explosión para el padre tratando de compartir sabiduría con su hija fue cuando le señaló que estaba usando calcetines diferentes. Como un enunciado o una declaración, ninguna de estas experiencias o explosiones son una historia. No te atraen para comenzar el proceso cocreativo, no te involucran con las emociones y el proceso de pintar una imagen mental colectiva.

Pero son un punto donde comenzar.

Una vez que identificas el momento determinante sobre el cual construir la historia, es hora de regresar al principio.

Normalidad: de vuelta al principio

Escribir la normalidad es la pieza más divertida e importante del proceso de una historia. Aquí es donde tomas un suceso y lo mejoras; donde haces que a tu audiencia le importe. Además, aquí logras flexionar tus músculos empáticos, donde de manera simultánea dices "te conozco" y "tú me conoces". Aquí es donde el oyente o el lector de tu historia se siente cómodo, baja la guardia y, si lo haces bien, matiza las líneas entre su mundo y el tuyo el tiempo suficiente para cerrar la brecha.

Y en caso de que te lo estuvieras preguntando, ésta es la parte que amamos los humanos. Tu audiencia disfrutará esa sutil sensación de que, aunque todo aparenta ir según lo planeado, algo está a punto de suceder. Ves esto magnificado 100 veces cuando miras una película con alguien muy sensitivo. Así son los niños. Mi esposo también. ¡Ni siquiera tiene que ser una película de suspenso! Todo lo que se requiere es un desarrollo estable de la normalidad y apenas se pueden contener. Necesitan hacer preguntas, predicciones, están abrumados por la normalidad, saben que algo está a punto de explotar y no pueden manejarlo.

Cuando se trata de narración para negocios, es mucho menos dramático que eso, pero igual de efectivo.

La normalidad para el CEO del Centro Médico Maricopa fue la escena que se desarrolló en el foro de la comunidad cuando entró el hombre sin hogar… y nos importó cuando lo trataron diferente de lo que esperábamos.

La normalidad para el niño en el comercial de McDonald's era sentir que no tenía nada en común con su padre… y nos importó cuando encontró algo que compartían.

La normalidad para el jugador de waterpolo fue toda la historia… y nos importó cuando renunció al equipo.

En cada uno de esos casos, el efecto de la explosión dependió en su totalidad de la creación de la normalidad. Lo mismo aplicará para ti y tus historias. La buena noticia es que puedes usar los componentes de la historia como una lista mientras construyes tu normalidad.

Incluye detalles sobre el personaje identificable, detalles que pintarán la imagen y sonarán familiares a la audiencia. ¡Listo!

Incluye las emociones, lo que ellos (o tú si tú eres el personaje en la historia) sentían, esperaban o pensaban mientras se desarrollaba la situación. ¡Listo!

Incluye el momento particular en el tiempo y espacio donde ocurrió esto. ¿Un restaurante? ¿El ayuntamiento? ¿Un martes cualquiera a mediados de junio? ¿Un viernes estresante durante vacaciones? ¡Listo!

Y, por último, con tu audiencia particular en mente, incluye detalles para que le suene familiar. Durante toda la historia debe pensar *yo he sentido eso. Entiendo eso. Eso suena correcto. Sip. Sí. Sí. Sí.* ¡Listo!

Luego, después de todos los sí, cuando ocurra la explosión, se encuentre la solución, se aprenda la lección o se tenga una revelación, el público dirá: "Oh".

Y como en *Cuando Harry conoció a Sally*, la siguiente respuesta natural es: "Tendré lo que ella tiene".

Nueva normalidad: viento en popa

Si haces bien el resto de la historia, la nueva normalidad se escribe por sí sola. Es el resumen de la lección aprendida y lo que significa para la persona que escucha la historia. Cuando haces la nueva normalidad, depende de ti qué tan obvio quieres que sea el mensaje.

El jugador de waterpolo que se convirtió en ejecutivo no le dijo a la audiencia que no se rindieran o se arrepentirían. Pero lo implicó en la manera en que terminó la nueva normalidad.

El fundador de Desert Star Construction terminó su historia evocando su primer fuerte y diciendo que no podía esperar a ver lo que él y su nuevo cliente construirían después.

La asesora financiera aseguró a sus posibles clientes que trataría su dinero con tanto amor como había tratado el suyo desde que era una niña.

La pieza más importante al escribir la nueva normalidad es usarla como una oportunidad de cerrar el círculo. Termina la historia con el principio, pero con el beneficio del conocimiento, sabiduría y entendimiento que no tenías en la normalidad.

Ahí está.

Eso es todo lo que necesitas para hacer tus historias. Como con cualquier cosa, practicar te hará mejor. Con el tiempo, ya sea a través de críticas externas o las tuyas, sentirás qué funciona y qué no. Y si tienes el lujo de contar una historia más de una vez, quizá en repetidas presentaciones o en múltiples entrevistas, usa cada narración como una oportunidad de evaluar qué piezas en verdad dan en el blanco, cuáles no resuenan tan bien y ajusta lo que haga falta.

SIN LETRAS PEQUEÑAS, SIN TRUCOS

La mejor parte de usar este método comprobado para escribir historias (además del hecho de que es simple y directo como suena) es que funciona. Por completo. Sin necesidad de trucos o artilugios.

Una vez alguien se me acercó con una leve sonrisa después de hablar en una audiencia de publicidad.

—Cambiaste la música, ¿no? —preguntó mientras se posaba a cinco centímetros de mi rostro y me miraba.

—Eh… ah… yo… —tartamudeé un poco, confundida por la pregunta y dando un paso atrás por lo abrupto de la situación.

El hombre ni siquiera se presentó, estaba muy embelesado por lo que pensó que había descubierto.

—Después del video. Cambiaste la música para hacerlo más emotivo, ¿no? —sonrió con satisfacción nuevo.

Ok. Ahora tiene sentido. En la presentación usé un ejemplo sobre una marca que pensó que estaba contando una historia en un video y después mostré el contraste con un segundo video que sí presentaba una historia. La diferencia era profunda, como esperarías. Al parecer, la diferencia era tan profunda que este experto en publicidad no podía creer que la distinción se lograra sólo con la historia. Tenía que haber algo más. Seguro cambié la música para hacer un contraste entre las dos historias.

—No —contesté con mi sonrisa—. Usamos el mismo audio e imágenes. Sólo añadimos algunos clips, porque la versión con historia era un poco más larga. Todo lo que cambió de los dos videos fue que escribimos una historia y la contamos.

Historias bien escritas no necesitan trucos para funcionar. ¡Ése es el punto!

¿Recuerdas cómo escuché el comercial de chicles de Juan y Sarah en silencio? ¿O cómo los comerciales de Apple y Budweiser no usaron palabras?

Todas las historias de este libro (y muchas otras) funcionaron no porque las adornemos o manipulemos de alguna forma, sino porque son reales, incluyeron nuestros componentes necesarios para una historia y siguieron esta simple fórmula.

Ésa es la belleza de la narración. Una historia puede ser ella misma.

Piensa en lo mejor que sería el mundo si no tuviéramos que abordar cada mensaje con una sonrisa santurrona.

CUALQUIER HISTORIA EN CUALQUIER MOMENTO

Con frecuencia me preguntan qué tan larga debe de ser una historia. Después de eso, la conversación toma algunas direcciones diferentes. A veces la persona mencionará la historia del zapato de bebé que fue o no escrita por Hemingway. Con frecuencia menciono la cita de Mark Twain: "Si hubiera tenido más tiempo, habría escrito una carta más corta". Un reconocimiento de cuánto más difícil es la brevedad que la extensión.

Tal vez la respuesta más molesta que doy es que una historia debería ser tan larga como necesite ser.

Por ejemplo, hace poco entré a un elevador en el aeropuerto y tres jóvenes me siguieron: una mujer y dos hombres. Iban al cuarto piso. Yo seguía al quinto.

La puerta se cerró y la mujer volteó hacia sus amigos: "¿Saben dónde están mis papás ahora?"

Los chicos negaron con la cabeza.

Ella dijo: "En el sepelio de un amigo de mi abuelo que murió en Pearl Harbor. Acaban de encontrar el cuerpo y fueron a presentar sus respetos al viejo tío Mike".

En ese punto las puertas se abrieron y el trio salió, dejándome sola en el elevador, con la quijada en el suelo. ¿Una víctima de Pearl Harbor recién encontrada ahora? Estaba tan intrigada que casi salto detrás de ellos, pero las puertas de metal se cerraron, burlándose de mi curiosidad y de mi duda.

Por décadas, expertos en ventas y de publicidad han tratado de resolver el misterio del *elevator pitch*. ¿Cómo das suficiente información y creas suficiente intriga para que, en el corto viaje de un elevador con un prospecto, quiera aprender más?

Claro, estos viajeros no trataban de vender nada, pero ése es el punto con exactitud. El *elevator pitch* o presentación de elevador no era una presentación para nada. Era una historia.

Piénsalo. Tenía personajes identificables: los padres de la chica y el viejo tío Mike. Había un momento en el tiempo: "ahora". Incluso el detalle específico de Pearl Harbor, que, como mencionar a John F. Kennedy en la historia de Eight & Bob, es un atajo a un mundo completo de familiaridad para los estadounidenses.

Esa noche llegué a casa y le conté a mi esposo la historia del mejor *elevator pitch* que había escuchado (y admití que casi pierdo una extremidad en el elevador al tratar de alcanzarlos para escuchar el resto de la historia). Juntos googleamos "Mike Pearl Harbor cuerpo encontrado" y leímos sobre nuevas pruebas de ADN que significaba que familias por fin podían dejar descansar a sus seres queridos. Y, de hecho, había un funeral ese día, en el que quizá estaban los padres de esa chica.

La verdad, no creo que el *elevator pitch* importe mucho. Es una de esas técnicas de ventas de las que escuchas, pero nunca pasan en la vida real. Aunque la historia sí revela que las narraciones no deben ser largas para ser efectivas. Sólo tienen que ser tan largas como necesiten ser.

Sé que decir "tan largas como necesiten ser" es una respuesta molesta. Pero es verdad. Como la historia en el elevador, una historia puede ser de 10 segundos o, si asististe al Festival Nacional de Narración en Jonesborough, Tennessee, y tuviste el honor de escuchar al famoso narrador Jay O'Callahan contar su historia, "The

Spirit of the Great Auk", estuviste embelesado por 90 minutos. Sí, las historias pueden ser tan cortas o largas como necesites, siempre y cuando sigan el marco e incluyan los componentes.

Yo creo que la mejor estrategia es comenzar con toda la historia. Escríbela toda, cuéntala toda, no dejes nada. Desde ahí, córtala para ajustarla al espacio que tienes. Aquí hay algunos ejemplos de cómo podría lucir.

La historia de 10 segundos

La historia de 10 segundos de Unbounce, por ejemplo, sería:

> Un director de publicidad batalló para hacer su trabajo con poco presupuesto, conocimiento técnico y control. Estaba frustrado, se sentía infravalorado y si era honesto, se sentía molesto. Entonces empezó a usar Unbounce Convertables. Ahora puede hacer todo lo que quiere, con las habilidades que tiene, dentro del presupuesto y ya no odia su trabajo. De hecho, para ser honesto, lo ama de nuevo.

Hagamos un inventario de eso:

- **Normalidad:** Batallar para hacer su trabajo.
- **Explosión:** Usar Unbounce Convertables.
- **Nueva normalidad:** Puede hacer su trabajo y disfrutarlo. También nota la conexión con la normalidad al replicar la frase "si es honesto", pero con el resultado opuesto.
- **Personajes identificables:** Un director de publicidad específico.
- **Emoción:** Frustración, sentirse infravalorado, molesto.
- **Momento:** Comenzó a usar Convertables.

- **Detalles específicos:** No usa un detalle físico específico para guiar la sensación de familiaridad, pero al incluir la palabra *molesto*, accede a la jerga del personaje, tal vez un millennial que expresaría sus sentimientos de esa forma.

La historia de 10 segundos para VetBilling sería:

> Lisa soñó con ser veterinaria toda su vida. No sabía lo doloroso que sería no poder ayudar de manera financiera a los propietarios cuyas amadas mascotas necesitaban servicios de forma desesperada y no podían pagarlos. Entonces, Lisa encontró VetBilling. Ahora no se preocupa por decir que no a mascotas en necesidad y es libre de hacer el trabajo que nació para hacer.

Aquí hay otra lista de inventario:

- **Normalidad:** Sueños de ser veterinaria. No poder ayudar mascotas cuyos propietarios no podían pagar.
- **Explosión:** Encontrar VetBilling.
- **Nueva normalidad:** Ahora puede atender a todas las mascotas. Nota también la conexión con la normalidad cuando mencionamos el sueño de toda su vida y luego su capacidad de hacer el trabajo para el que nació.
- **Personajes identificables:** Lisa la veterinaria.
- **Emoción:** Doloroso.
- **Momento:** Esta historia no incluye un momento específico (que no es lo ideal, pero con una historia súper corta, con frecuencia uno de los componentes queda fuera).
- **Detalles específicos:** Como la historia de Unbounce, ésta no incluye un detalle físico específico. Pero el dolor es una

emoción familiar y significativa que experimentan los veterinarios.

Ir de la historia completa a una de 10 segundos es muy extremo. Y las posibilidades de que en realidad hables con alguien en un elevador son pocas. Por lo general, las historias en los negocios están en un rango entre tres y siete minutos de duración y es tu trabajo usar esos minutos con sabiduría. Esos minutos se usan mejor construyendo la normalidad con los componentes, atrayendo a tu audiencia al proceso cocreativo, ayudándoles a crear una imagen cautivadora en su mente, conectándolos con las emociones, con lo que está en juego y consiguiendo que digan: "Entiendo eso" y "me puedo relacionar con eso".

Si haces eso, el tiempo no importará. Se detendrá.

EVITAR TRAMPAS COMUNES EN LA ESCRITURA

Incluso con un marco y componentes tan simples como los que has aprendido aquí, hay algunos tropiezos y tentaciones comunes que evitar. Conocerlos de antemano te ayudará en el proceso.

No escribir la historia para apoyar tus metas de manera específica

En 2015 hice un taller para United Way en Indianapolis. La audiencia estaba compuesta en su mayoría por recaudadores de fondos, lo cual era divertido y retador porque la sala estaba llena de muchos narradores profesionales. Y aunque mi trabajo, por lo general, es ayudar a gente que apenas comienza a usar historias, ésta era una oportunidad de ayudar a profesionales a elevar su juego.

La mayoría de los días el trabajo de un recaudador de fondos en realidad es de ventas. Para juntar dinero para los programas de United Way, pueden tener reuniones cara a cara con los responsables de tomar decisiones o con donantes un día y al siguiente con toda una sala llena de empleados de una compañía. Pero en cada caso son sus historias las que les ayudan a hacer el trabajo.

Pasamos un día trabajando en esas historias y regresé al siguiente junio para checar cómo iban a las cosas y a dar un paso más. Para ese momento ya habían aplicado las estrategias del taller anterior durante casi un año y era momento de técnicas más avanzadas.

El plan del día era simple. Cuatro personas compartirían las historias que habían usado y trabajaríamos con ellas en el taller juntos, mejorándolas, refinándolas y compartiendo lo que funcionaba y lo que no.

Sharon (no es su nombre real) contó una historia hermosa sobre un pequeño con el que trabajaba cuando era lectora voluntaria en United Way. Cuando conoció al chico era muy tímido e introvertido, pero con el transcurso del tiempo, salió de su caparazón y comenzó a progresar.

Era una historia genial que ilustraba de manera perfecta la posibilidad de cambio que United Way podía ofrecer y Sharon tenía a la sala cautivada. Tras muchos comentarios, estaba lista para seguir con la siguiente historia. Lo hizo muy bien.

Pero después de los elogios y antes de que diera la bienvenida al siguiente narrador, Sharon levantó la mano.

—Éste es el problema que tengo —dijo—. No consigo donaciones.

—¿La contaste sólo así? —pregunté.

—Sí. Y sé que la gente ama la historia. Algunas personas casi llegan a las lágrimas.

—¿Cuál es el problema? —pregunté confundida.

—El problema —explicó Sharon— es que todos quieren convertirse en voluntarios.

A primera vista eso sonaba impresionante. Conseguir voluntarios es muy difícil. Y United Way siempre necesitaba voluntarios. Pero ésa no era la meta de Sharon. Los programas necesitan dinero y su trabajo era conseguirlo. Su historia, tan hermosa y llegadora como era, no estaba logrando lo que necesitaba. Estaba haciendo *un* trabajo, pero el equivocado.

Como aprendimos en el capítulo anterior, hay una diferencia entre encontrar *una* historia y encontrar la historia *adecuada*. Estaba segura de que Sharon había encontrado la historia adecuada, la historia sobre el chico y la diferencia que United Way hacía en su vida se ajustaba de manera perfecta a la tarea asignada. Lidiábamos con un problema de escritura. Cuando repasamos su historia y trabajamos con ella, el problema brincó de inmediato. La historia en sí era fascinante, pero el mensaje, lo que se lleva la gente, era que es muy gratificante ser voluntario.

Su normalidad enfatizaba con fortaleza lo que era el voluntariado para ella. Ella era el personaje identificable. Eran sus emociones. El momento y la explosión se centraban en la realización que tuvo sobre la importancia del voluntariado. Un simple cambio para hacer del chico el personaje, para enfocarse en sus emociones y la transformación que fue posible por el dinero donado por gente como con la que Sharon se entrevistaba, cambió la historia por completo. Pero no del todo. La historia en esencia era la misma, fue la escritura lo que cambió.

El problema de Sharon es importante e ilustra las tonalidades que vienen con escribir bien la historia. Por fortuna, es raro que tengas que desechar toda la historia. Si te sientes seguro de tener la historia adecuada, pero no está dando en el blanco, echa un vistazo a cómo la escribiste. ¿Tienes al personaje correcto? ¿Tu explosión está alineada con tu objetivo? Con unos pequeños cambios, Sharon estaba de vuelta en los negocios y tú también puedes.

Cortar las cosas pequeñas

"Algo le falta."

Eso es todo lo que dijo mi amigo en su correo. Trabajamos juntos para encontrar la historia de apertura perfecta para una presentación que tendría sobre independencia financiera y encontramos una: la historia de cuando abrió su primera cuenta bancaria de niño con su abuela.

Tenía todo lo que se necesitaba para una gran historia. Él (de niño) era el personaje identificable (la gente ama eso, en especial cuando tienes un cargo de liderazgo). Había un atractivo poderoso en el proceso cocreativo con detalles como sentarse del otro lado del banquero, la chequera, incluso los dulces en el escritorio. Era perfecta.

Mi amigo envió el borrador a su equipo de editores para una revisión final y todo se vino abajo. La versión que enviaron de vuelta tenía la historia, pero se sentía plana. Tan plana que la audiencia se preguntaría por qué la contó.

"Algo le falta", dijo. Tenía razón. ¿Qué faltaba? Todos los detalles. Los matices meticulosos que hacían la historia… una historia real. Los editores repasaron y limpiaron los puntos más finos del documento, los componentes que nuestra investigación mostró que son fundamentales para una gran historia. Lo que una vez fue un cuento vibrante ahora era un estuche genérico de eventos: el chico quiere comprar cosas, el chico abre una cuenta de banco, el chico entiende el dinero. Vacía y poco memorable.

Ya sea que tengas un equipo de editores o que tú seas la persona con la pluma roja, ten cuidado de la tentación de borrar lo más importante. Después de todo lo que has aprendido aquí, sé que es probable que exista esa voz dentro de ti obsesionada con la brevedad: 140 caracteres (por cierto, ahora 280) y clips de 15 segundos. Esta obsesión significa que algunas de las partes más cautivadoras de tu historia todavía están en riesgo.

Si alguna vez sientes que le falta algo a tu historia, echa un vistazo en el piso del cuarto de edición para asegurarte que no te deshiciste de las partes más importantes. Y en cuanto a la historia del banco, reinsertamos los detalles faltantes y le regresamos la vida. Sí, se necesitaron unas cuantas palabras más, pero eran las que importaban más.

LO MEJOR PARA EL ÚLTIMO

Hay mucho que amar de nuestro método para escribir historias. Es simple. Es directo. Funciona. Pero mi cosa favorita, la cosa que hace que valga la pena escribir este capítulo de guía básica (seré honesta, no soy fan de escribir capítulos de guías básicas) es que usar este método para escribir historias significa que cualquier momento puede convertirse en una historia. Cualquier suceso o realización de tu pasado. Cualquier incidente que haya ocurrido un martes y te haga decir: "¿Eh?"

Cada vez que estás en medio de un desastre, de hecho, eres una historia en proceso. No importa qué tan pequeño sea el momento, si lo escribes en la manera que he señalado y lo combinas con tu mensaje, tendrás una posible historia en tus manos.

Hace poco visité a mi cuñada en su oficina en un rascacielos en San Francisco. Me llevó a cada cubículo y mientras lo hacía, me presentaba como "la narradora de la que te conté". Todos sonreían por el reconocimiento y tuve un gran sentimiento de gratitud por tener el apoyo de mi cuñada. Nos acercamos a una mujer y mi cuñada dijo: "Es la esposa de mi hermano. Escribió el libro de historias que te regalé hace tiempo", refiriéndose a una colección de historias que publiqué en 2012. La mujer me observó y su rostro se iluminó.

"¡Esa historia! ¡La historia de cuando estabas en primaria y saliste! Amo esa historia. Pienso en ella con frecuencia. En verdad me impactó."

Tuve una regresión por varias razones. Primero, es seguro que no esperaba este tipo de bienvenida en el tour por la oficina de mi cuñada. Pero lo más importante, no podía creer que esa historia tuviera ese tipo de impacto. Era tan pequeña. Un pequeño momento de cuando iba en sexto de primaria.

Sexto de primaria fue un año difícil para mí. Era el último año de la primaria. Era un poco excéntrica para mi edad en un ambiente donde incluso una fracción de ser diferente era motivo de burla. Al ver hacia atrás, no estoy segura de que tuviera un solo amigo. Y entonces, como por milagro, me escogieron para salir en *La novicia rebelde*, una obra de secundaria de un distrito escolar vecino.

Yo era Marta von Trapp, la segunda hija más joven. En lo que a mí concernía, el papel había salvado mi vida.

Aunque parecía que los niños de secundaría me odiaban, los chicos de preparatoria que interpretaban monjas, nazis, una tropa de hermanos cantantes parecían adorarme. Hablaban y reían conmigo. Me alentaban. Querían ser mis amigos. En el transcurso de esos pocos meses me sentí yo otra vez. Podía ser tonta y creativa y a nadie parecía importarle.

En una época en la que casi me pierdo, en algún lugar entre las colinas vivas con música me encontraba segura. La función se presentó dos fines de semana y en la última noche soñé que las cortinas se descomponían, haciendo imposible cerrarlas por lo que el show tendría que continuar. Para siempre. Y podría ser Marta el resto de mi vida, o al menos el resto de sexto de primaria.

La última noche me invitaron a la fiesta del elenco en la casa de una de las monjas. Aunque sólo tenía 11 años, mis padres me dejaron ir a una fiesta con los chicos de preparatoria que me hacían tan feliz. Era una noche fría y el padre de la anfitriona nos llevó de paseo a través de los campos y el bosque detrás de su casa rural. Después de eso, entramos, nos sentamos en el sótano, tomamos sidra, chocolate caliente con bombones, comimos Doritos y pizza.

Yo brillaba de felicidad cuando la chica que interpretó a Louisa von Trapp (mi hermana cantante) me tomó de la mano y me llevó al patio frente a la casa. Louisa fue una de mis favoritas en la obra, era alta y delgada con largo pelo rubio y brillantes ojos azules. Su cara era inocente, como muñeca Cabbage Patch que había perdido la grasa de bebé y ahora podía cantar, bailar y conducir un auto. Nos sentamos en el pasto un momento y después Louisa me preguntó si quería probar algo genial. Dije que sí. Aunque muchas historias que empiezan así terminan con la primera vez que alguien fumó, bebió o algo por el estilo, no es ese tipo de historia.

Louisa me dijo que recargara las manos y las rodillas en el piso. Lo hice. Podía ver mi aliento congelarse en el espacio entre mis labios y el suelo. Me dijo que cerrara los ojos. Lo hice. Me dijo que sintiera la tierra bajo mis manos. Lo hice. Era fría, dura, húmeda y espinosa. Se estaba alistando para el invierno, para la primera nevada que llegaría sólo unos días después, borrando cualquier evidencia de que hubiéramos estado ahí.

Luego Louisa me dijo que imaginara que, en vez de estar de rodillas sobre el pasto, un transeúnte en la tierra, estaba *sosteniéndola*. Que, al sentir el suelo frío debajo de mí, en realidad estaba en la palma de mi mano. Me dijo que reconociera que, en ese momento, en ese pedazo de tierra yo estaba sosteniendo el mundo con mis dos manos. Abrí los ojos con las manos enredadas con firmeza al pasto, aferrándose a la preciada vida. El mundo nunca se había visto tan nuevo.

Louisa habló en voz baja después, con si hablara para ella, como si conociera el dolor de tener 11 años, estar en sexto, no querer usar un brasier de entrenamiento y la crueldad de los otros niños. Como si supiera que el mundo puede ser duro más allá de sexto de primaria. Arrodillada y con las manos sobre el piso ella también, susurró que cuando el mundo saca lo mejor de ti, sólo tienes que darte un momento y sostenerlo en la palma de tus manos. Así sabes que todavía tienes un lugar. Incluso si sólo es este único pedazo de tierra donde están sembradas tus manos, hay un lugar para ti y las posibilidades para ti son infinitas.

Cuando me paré frente al cubículo de esa mujer en San Francisco recordé esa historia, ese momento, ese sentimiento. Lo vi reflejado en los ojos de la compañera de mi cuñada y recordé esa noche de muchos años antes. Recordé caminar de regreso a la casa en mis últimos minutos como Marta, de la mano de Louisa y la manera en que los ojos de las dos brillaban con la humedad del aire nocturno. Y recordé cómo esa colección de cinco minutos fortuitos de sexto de primaria tuvieron tal impacto.

Esos casos nos pasan todos los días. Pequeñas lecciones, eventos, colecciones de minutos donde aprendemos algo nuevo o entendemos cosas de una manera diferente. Minutos que de otra forma habríamos olvidado.

Pero no ahora que eres un narrador.

Ahora sabes que las historias son lo más importante.

Ahora sabes que mientras más historias puedas contar, más efectivo serás.

Y tal vez te preocupaste un poco por no tener suficientes historias. ¿Y si sólo tienes una o dos y quieres más? ¿Cómo las consigues?

Deja que mi historia de la primaria te dé toda la seguridad que necesitas. Porque ese momento se pudo perder en la baraja de la vida, fue la creación de la historia alrededor de esa explosión que lo hizo importante para la mujer en la oficina de mi cuñada.

Ése es el poder de la escritura. Cuando estás equipado con el marco y los componentes comprobados, no importa la longitud, no importa la pequeñez aparente del momento. Si está bien escrita, cualquier historia es posible.

Y tengo la esperanza de que las cuentes.

Eso veremos a continuación.

10

Contar tu historia

Dónde, cuándo y cómo contar tus historias

> La narración es tan vieja como las
> fogatas y tan joven como un tuit.
> Lo que mueve a las personas es
> alguien creíble.
> RICHARD BRANSON, fundador de Virgin Group

Si un árbol cae en un bosque y nadie lo escucha, ¿hace ruido?

Es una vieja pregunta y, cuando se trata de tus historias, es una importante.

Si encuentras tu historia y te esfuerzas en escribirla, pero nunca la cuentas, ¿siquiera importa? Mientras que el misterio del árbol en el bosque está abierto a debate, la respuesta a la pregunta de la historia es muy sincera.

No.

Cuando se trata de la narración, sólo saber todas las cosas que sabes hasta ahora no te hace ningún bien. El conocimiento no es poder, sólo es espacio desperdiciado en tu cerebro si en realidad nunca cuentas tu historia.

La buena noticia es que tus oportunidades para la narración son interminables y están en constante crecimiento. Un buen ejemplo: un artículo reciente del *Wall Street Journal* anunció que algunas compañías están imprimiendo folletos y pagando para ponerlos en tiendas minoristas como Saks Fifth Avenue y Zulily.[61] Si vas a gastar tanto dinero en un anuncio, te convendría contar una historia y hacer que valga la pena.

Y así como el Windex, la cinta gaffer o, en mi opinión, una buena copa de champaña, una historia bien contada puede resolver una variedad de retos en los negocios y más. En esencia, cuando tengas duda, cuenta una historia. Básicamente éste ha sido mi mantra por las últimas dos décadas.

Por ejemplo, solía ser instructora de bicicleta fija, que, debería comenzar diciendo, es más intenso de lo que podrías pensar. Suceden muchas cosas en esa hora de enseñanza: tienes que recordar los movimientos, cambiar la luz, desafiar instrucciones, ajustar el volumen de la música, mantener a los ciclistas motivados cuando lo que todos quieren en realidad es morir y, oh sí, ser máquinas de cardio.

Y eso es sólo durante la clase. Tal vez la parte más estresante de dar una sesión de bicicleta fija sea armar la playlist con anticipación. No sé si alguna vez hayas ido a una clase de entrenamiento donde la música era insoportable, pero es una forma única de castigo cruel e inusual que se debería reservar para el gusto de malvados dictadores.

Nunca olvidaré el terror de armar mis primeras playlists. ¿Les gustará a los ciclistas? ¿Y si odian a Britney Spears y a Daft Punk? Cada semana cuando me subía a la bicicleta se me hacía un hueco en el estómago por esto. Para aliviarlo, por instinto, comenzaba a contar historias. Antes de cada set, mientras los ciclistas se hidrataban, contaba una historia sobre la canción que iba a poner a continuación. Eran cortas, divertidas y daban contexto a cada montada. Así que, sí, tal vez odiaban a Kylie Minogue, pero amaron la historia que conté sobre recoger a Michael en el aeropuerto antes de empezar a salir y poner "Can't get you out of my head" en mi carro en un intento por ser sutil.

Lento pero seguro, lo que empezó con pocos ciclistas a las 9:30 a.m. en sábados y 6:45 p.m. los miércoles por las noches, se convirtió en clases llenas y gente rechazada en la puerta. Y cuando di mi última clase hace dos años, mis ciclistas dijeron que extrañarían el ejercicio, sí, pero lo que más extrañarían eran mis historias.

Cuando tengas dudas, cuenta una historia. Cuéntalas en correo y en campañas por correo. Deja una historia en el buzón de voz. Cuenta una historia en tu contestadora automática; en reuniones; en conferencias en línea. Un estudio en 2014, realizado en conjunto por una firma tecnológica de publicidad social llamada Adaptly, Facebook y Refinery29, una página de moda y estilo, concluyó que contar una historia de marca, traer consumidores a través de una serie secuencial de mensajes, era más efectivo que usar las tradicionales peticiones para hacer algo. No sólo más efectivo, *mucho más* efectivo, con una estrategia de historias que conduce a un aumento de nueve veces en las tasas de suscripción y vistas.[62]

Así que cuenta, cuenta, cuenta. Sé la persona que la gente busca para escuchar, incluso cuando no saben por qué. Tú sabes por qué. Porque la gente ama las historias. Quieren historias. Así que adelante. Dales lo que quieren. Cuenta tus historias.

Aquí hay algunos consejos de cómo, dónde y cuándo hacerlo.

CUENTA HISTORIAS EN PRESENTACIONES

Uno de los lugares más obvios para contar tus historias es en presentaciones. Ya sea una actualización de cinco minutos en una reunión de equipo semanal o una presentación de ocho horas para cerrar una venta millonaria, las historias mejorarán tu presentación y subsecuentes resultados. Aquí hay algunos consejos.

Comienza con una historia

Era una tarde de jueves y me iba a reunir con unos amigos para una extraña hora feliz. Shelly es experta en su campo y había comenzado a hablar en conferencias de su industria. Esa visibilidad significó un crecimiento excelente para su negocio, pero para alguien que nunca se consideró como oradora pública, cada presentación era intimidante. Preguntó si tenía algún consejo. No te sorprenderá escuchar que le dije que contara una historia, pero mis razones y estrategias eran más específicas de lo que podrías esperar. En específico le dije que comenzara con una historia.

En el momento en el que subiera al escenario y saludara a la sala, le dije que de manera inmediata se lanzara a su historia. ¿Por qué? Por muchas razones. Una, es una forma fácil de aliviar la tensión natural que a veces existe entre la audiencia y el orador. A veces la naturaleza del evento, un discurso o una presentación de ventas, pone una barrera automática entre los dos. En otras ocasiones la naturaleza de la audiencia hace el ambiente un poco hostil. Tal vez la audiencia está compuesta por expertos en el campo escépticos sobre escuchar a otros expertos. En cualquier caso, iniciar con una historia ayuda a derrumbar estas barreras y te hace una persona justo como ellos en vez del experto al frente que están forzados a escuchar.

Para tal fin, alenté a Shelly a contar una historia que se centrara en un cliente contra ella y su experiencia, como la situación que, de manera probable, hubiera experimentado su audiencia. O contar una historia sobre sus hijos. Como aprendimos en capítulos anteriores, mientras que la lección más importante aprendida con sus hijos fuera relevante para el mensaje general de su presentación, podría funcionar tanto para ilustrar un punto e igualar o neutralizar cualquier tensión con la audiencia.

Comenzar con una historia también ayuda a calmar los nervios y por una buena razón. El acto de hablar en público, estar expuesto y vulnerable para el juicio y crítica de la gente, con frecuencia activa la vieja respuesta de supervivencia de huir o pelear. Comenzar con una historia responde la única pregunta que le importa al cerebro reptiliano en ese momento: ¿les gusto?

Si comienzas una presentación con una historia, algo que las personas aman escuchar, verás que se enganchan de manera natural, asienten con la cabeza, descruzan los brazos, tal vez hasta se rían. Esto no sólo es una experiencia positiva para la gente que te escucha, las señales visuales de aceptación le dirán a tu ser ancestral que sí, le gustas a la gente. Con esa pregunta respondida, el resto de la presentación se vuelve mucho más fácil.

Shelly me agradeció por el consejo esa noche y juró que lo pondría en práctica. Cuatro días después de nuestra conversación me mandó un mensaje. Basándome en el número excesivo de emojis y mayúsculas, diría que todavía estaba embriagada de felicidad. Ella escribió: "Comencé con una historia sobre mi hija y fue ¡FANTÁSTICO!". Después de la charla se le acercó una multitud que decía que fue la mejor presentación que había escuchado.

Una presentación destinada al éxito desde el momento en que comenzó.

Cuando una imagen no vale más que mil palabras

Hubo una época al comienzo de mi carrera de oradora en que me negaba a tener una presentación de diapositivas en PowerPoint. Argumentaba que era porque era una narradora y mi ventaja era que podía hacer una presentación fascinante sin necesidad de asistencia técnica. La verdadera razón era que me aterraba PowerPoint y las dificultades técnicas. Pero después de algunas presentaciones tuve la impresión de que, aunque la audiencia disfrutaba de mis historias, le costaba trabajo seguir los puntos que la acompañaban. Reacia, comencé a usar PowerPoint. Ahora tengo diapositivas para casi todas las presentaciones que doy y soy una firme creyente de que, si está bien hecho, un conjunto de diapositivas es una herramienta muy efectiva para mantenerte a ti y a tu audiencia en ritmo.

Por favor nota las palabras "bien hecho" en el enunciado anterior. Son importantes. Porque hacerlo mal significa la muerte para muchos de tus sueños de presentaciones. Aquí hay algunos consejos clave para asegurarte que tus diapositivas y tus historias trabajan juntas en perfecta armonía.

Primero, asegúrate de que dejas espacio dedicado a tus historias en las diapositivas. Piensa en eso como una diapositiva que señala "la historia va aquí". Tal vez vas a contar una historia sobre el día que fundaste tu compañía, incluye una diapositiva que sea sólo tu logo. La audiencia ve un logo y tú ves una señal para contar la historia. Incluye estas diapositivas a través de la presentación como recordatorios constantes para cambiar de puntos y datos a las historias que le dan importancia a esa información.

Segundo, aunque una diapositiva de historia es un gran recordatorio para cambiar a la historia, escoge la imagen con sabiduría. Una presentación digital se vuelve un problema para la narración cuando dependes de las imágenes en las diapositivas. Recuerda, la cosa favorita de una audiencia sobre escuchar una historia ocurre de manera subconsciente. Mientras cuentas una historia la imaginación de cada oyente crea las imágenes para seguirla. Toman material significativo y experiencias de su vida para crear este imaginario por lo que, al final, se quedan con una mezcla de tus palabras y sus recuerdos.

Así es como tu mensaje se vuelve impactante.

Por eso te advierto que escojas tus imágenes con sabiduría. Con frecuencia la tentación es, mientras cuentas tu historia, poner imágenes de la historia en la pantalla. ¿Cuentas una historia sobre tus hijos? Aquí está la foto. ¿Cuentas una historia sobre el esquí acuático? Aquí está la foto. Y aunque ésa parezca la forma de avanzar, crea un *bypass* cognitivo y, al hacerlo, viola el poder del proceso de cocreación. Si les das la imagen, ellos no la crearán. Y habrás perdido la ventaja cognitiva.

Escuché a un orador hablar sobre la casa de sus sueños e hizo un trabajo exquisito al describirla. Desde lo grande que era hasta las ventanas pintorescas pasando por la forma en que se veían las calles desde esas ventanas. Estaba describiendo la casa de sus sueños, pero yo estaba imaginando la *mía*. Y entonces puso una imagen de la casa en la pantalla. Dijo: "Ven, ahí está. Ésa es la casa de mis sueños".

Vi la fotografía y pensé: "Ay, eso no es lo que me imaginé. Pero está bien". Y en ese momento todo el trabajo que había puesto en engancharme en el proceso cocreativo fue un desperdicio.

Para evitar este error, cuando cuentas una historia en una presentación, usa tus palabras en vez de depender de las imágenes que muestras. En vez de poner una foto de tus hijos, sólo descríbelos y la audiencia imaginará a los suyos, sin importar qué tan diferentes sean. Y cuando escojas una imagen para tu diapositiva de historia, escoge una que no describa y haga espacio para que la audiencia pueda crear la suya.

Las buenas noticias son que la narración y las presentaciones de diapositivas se llevan muy bien. La combinación satisface a los principiantes visuales y auditivos, siempre y cuando te des pie para contar la historia y luego la cuentes en verdad, con tus palabras, en vez de confiar en que las imágenes lo harán por ti. Nadie disfruta ver a alguien pasar sus fotos de las vacaciones familiares. Tampoco lo disfrutarán en tus presentaciones.

La práctica hace al maestro

En 2008 me escogieron para una oportunidad que sólo se da una vez en la vida, hablar en el mayor escenario tradicional de narración que hay: el Festival nacional de narración en Jonesborough, Tennessee.

Para los cuentacuentos tradicionales, es el Supertazón de las historias. Si lo hacía bien, me garantizaba un suministro interminable de escenarios donde contar mis historias y gloria narrativa eterna. Si metía la pata, sería olvidada para siempre. No había segundas oportunidades. Tenía ocho minutos decisivos para lanzar mi carrera de contadora de historias.

Comencé a practicar de inmediato. Practicaba todos los días. Cada palabra. Despertaba pensando en mi historia. Se la contaba al espejo retrovisor mientras manejaba. La contaba mientras me bañaba. Me dormía cada noche con la voz en mi mente contándome la historia una y otra vez.

Cuando llegó el día, la práctica rindió frutos: entregué mi historia de manera impecable. No olvidé ni una sola palabra. Sin "eh" o "ah". Sin tartamudeos ni tartajeos. Me agradecieron y me acompañaron fuera del escenario.

Y luego fui a casa, sabiendo que lo había estropeado.

Mi gran oportunidad de narración en Tennessee fue un ejemplo perfecto de cómo podemos sabotear nuestra habilidad natural de contar historias. Lo arruiné ese día, no porque no practicara suficiente o porque cometiera muchos errores. Perdí porque estaba muy ensayada.

Caí en el mito del discurso perfecto. Que cuando se trata de contar historias, la práctica hace al maestro. En vez de eso, justo ahora, quiero que tú, como *Ricitos de Oro y los tres osos*, des en el blanco en el balance entre estar bien preparado (porque volar casi siempre es desastroso) y practicar demasiado para que tus historias estén sólo bien. ¿Cómo llegas a eso, a ese punto de sólo bien?

La clave es enfocarte en tu mensaje, no en las palabras. Piensa más en el mensaje que estás haciendo con tu historia y menos en las palabras que usas para hacerlo. Sí, debes practicar. Tienes que ensayar. Pero practica hasta que estés preparado, no hasta que sea perfecto. Deja espacio para la espontaneidad. Para la reacción de la audiencia. Deja ir la perfección y ella te dejará a ti.

Hasta el momento de este escrito no me han invitado de vuelta a hablar en el Festival nacional de narración, pero tengo la esperanza de que ese día llegará.

CUENTA HISTORIAS PARA SALIR ADELANTE

Sin importar la posición que ocupes y la que busques (ya sea subir de nivel o asegurar tu puesto en primer lugar), es probable que te encuentres varias formas del proceso de entrevista. Enfrentarás la abrumadora tarea de tener que comunicar la esencia pura de la persona que eres, el valor que das a una audiencia escéptica. ¿Cómo respondes estas preguntas? Cuentas historias.

Hace varios años escuché sobre un joven con el que estaba familiarizada y que de casualidad seguía mi trabajo en narración. Matt era piloto de combate y cuando me contactó, estaba haciendo la transición de volar para el ejército a volar para una aerolínea comercial. Estaba en medio del proceso de entrevistas.

En ese momento no estaba al tanto, pero el proceso estaba en alto riesgo. Los puestos para pilotos están muy solicitados y son en extremo competitivos. Por lo general, sólo hay una vacante y una larga fila de aspirantes calificados. Para llegar a la cima, Matt estaba muy consciente de que tenía que sobresalir de una manera que los otros Tom Cruise no pudieran.

Como esperarías, había varios elementos para el proceso de contratación y uno de ellos era una extenuante entrevista. Él decidió hacer de una historia su estrategia.

"Dinos un poco de ti." En vez de divagar, Matt estaba listo con una historia que ilustrara sus habilidades, pasión y carácter.

"Dinos de alguna vez que hayas estado en una situación estresante y cómo respondiste." Matt tenía una historia lista.

"¿Cuáles crees que son las habilidades más importantes de liderazgo?" Matt tenía una historia.

Para cada pregunta, él estaba listo con una historia para impactar, conectar con este público crítico y sobresalir del resto de los competidores.

La entrevista era en la mañana. Cuando terminó, Matt hizo una prueba y después se sentó cómodo para un doloroso juego de espera que duró hasta las 3:30 p.m. Antes de que el día terminara, le ofrecieron un puesto en la aerolínea de primera elección de cada posible piloto. Me envió un mensaje esa noche diciendo que puso en práctica algunas de mis estrategias de narración y le habían asegurado el trabajo de sus sueños.

Ése fue un recordatorio importante para mí que ahora te paso a ti: nunca subestimes el poder que tiene tu historia sobre la competencia. Cuando los intereses son grandes, llega preparado con historias y ve los resultados aparecer.

CUENTA LA HISTORIA QUE SE SIENTA ADECUADA PARA TI

Hace unos años trabajé con una compañía joven llamada Soul Carrier que producía bolsas de mano para mujeres. En ese momento Soul Carrier estaba usando un video para contar su historia, y aunque era una pieza bien producida, cometía un clásico error de narración: en realidad no era una historia.

Trabajé con Soul Carrier para rehacer el video, para contar la historia de una mujer joven que perdía a sus padres y, por un tiempo, su rumbo. Es una poderosa historia de la fundación que toca la pérdida, encontrar tu camino y redención. Es emotiva, cruda y auténtica. Y, por supuesto, es una historia.

Es una narración extrema y con frecuencia uso el ejemplo de Soul Carrier en mis presentaciones como una manera de ilustrar, sin lugar a dudas, el impacto que en realidad tiene el contar una historia. Y aunque ésa es la lección principal, también hay una segunda en juego.

Cuando se trata de contar historias, sólo cuenta las que te hagan sentir cómodo.

Me enfrenté a esta lección en un evento reciente cuando una mujer se acercó a mí en la fila del buffet después de mi presentación. Ella era la cabeza de un prominente y muy exitoso sistema de escuelas a nivel nacional. Como parte de su trabajo, con frecuencia hablaba a audiencias sobre su escuela, métodos, valores e impacto. Se acercó a mí con una preocupación, en concreto, la historia de Soul Carrier le parecía muy personal y un poco explotadora.

Explicó que tenía cientos de historias de alumnos que venían de hogares rotos y ambientes difíciles y que salieron adelante. Pero no quería contar esas historias. Sentía que eran confidenciales y también sentía que usarlas estaría mal.

Noté en su tono que estaba en conflicto por esto. Es probable que la gente le hubiera dicho que contara estas historias, después de todo, ésas son el tipo de narraciones que la gente quiere escuchar. Los empresarios también batallan con esto. Tal vez enfrentaron adversidad extrema en su vida y fueron capaces de salir adelante. Pero sin importar qué tan buena sea la historia, a veces no concuerda con el mensaje, o en otros casos, sólo no quieres que el mundo conozca esa historia.

En ese caso, le digo a la gente que no la cuente.

"No cuentes esas historias", dije con exactitud a la educadora en la fila del buffet mientras ponía un segundo taco en mi plato.

Me observó, un poco sorprendida.

"Sólo cuenta las historias que se sientan bien y listas para ser contadas."

Claro, esto no la libra de contar historias. En vez de eso, le dije que contara historias sobre los maestros que están comprometidos con estos estudiantes. Además, se ajustaban mejor a su mensaje. Su audiencia está compuesta por educadores y su mensaje siempre es sobre modelos innovadores y herramientas de enseñanza que la escuela usa para obtener buenos resultados.

Hay cierta presión que viene con saber que deberías estar contando historias. Y existe la idea común y equivocada de que si tienes historias dramáticas y dolorosas a tu disposición, debes contarlas. Pero como aprendimos en los dos capítulos anteriores, usar la historia adecuada es más importante que usar cualquier historia. Además (y tal vez más importante), tus historias son tuyas. Sólo tú puedes escoger cuáles contar. Espero que escojas la que se sienta bien para ti. Aprovecharás una oportunidad y la contarás.

NO OBSTACULICES TU CAMINO

Aquí hay una última y sorprendente verdad sobre la narración. Si miras atrás a cuando las cosas salieron bien, con frecuencia fue cuando contaste una historia. Cuando estabas más feliz, te sentías de lo mejor, la estabas haciendo en grande, cerrando ventas, ganando al chico/chica, consiguiendo el trabajo... es probable que estuvieras contando una historia.

Cuando tienes una gran historia que contar, el simple hecho de narrarla se vuelve una idea adicional. Cuando tienes una verdadera gran historia que contar, el relatarla es tan natural como despertarse. Todos los miedos que tenemos alrededor de la narración son porque no nos enseñaron ni nos dijeron, incluso no nos permitieron usar nuestra habilidad natural para contar historias. No nos alentaron a hacerlo. En vez de eso, nos impulsaron a escribir reportes, sacar datos, mostrar nuestro trabajo, tener bien el formato y hablar sin decir "eh".

Conseguir la historia bien y contarla llegará. ¿Cuántas veces te has sentado con un amigo con una copa de vino y contado una historia? ¿Una reconfortante sobre tu hijo? ¿Una dolorosa sobre tu relación? No hay duda de que platicaste esa historia con la elocuencia de un maestro. ¡Porque eso eres! La narración es una habilidad natural de los humanos. Todo lo que tienes que hacer es no estorbar tu propio camino. Casi todos los problemas se tratan del narrador obstaculizando la ruta del relato. Encuentra una historia real que resuene en ti y casi se contará sola.

Conclusión

Y vivieron felices por siempre sólo es el comienzo

> Las grandes historias les pasan
> a quienes pueden contarlas.
> Ira Glass

Cuando mi hijo tenía casi dos años y medio de edad no parecía tener mucho interés en camiones, pero cada noche antes de dormir pedía que le leyera *Buenas noches, construcción. Buenas noches, diversión.* Un libro de rimas para niños que no necesita más de 30 minutos para leerse.

Durante meses, cientos de noches seguidas, mi hijo se sentaba en mis piernas con su pequeña piyama mientras yo buscaba formas de abreviar la historia sin que se diera cuenta.

Pero los niños siempre se dan cuenta.

Al fin, una noche ya no pude más. Cuando se arrastró a mis piernas sosteniendo el libro le supliqué.

—Por favor, ¿podemos *por favor* leer un libro diferente?

—Quiero *construcción* —respondió.

"Qué pequeño dictador", pensé.

—¿Qué me dices del libro de los patitos o *Buenas noches, luna*?

—*Construcción*.

Era claro que no era una negociación. Justo antes de aventar mi versión de un berrinche de dos años y medio, tuve una idea.

—¿Y si yo te cuento una historia? —nunca lo había intentado, pero era una profesional después de todo.

—*Construcción*.

—¿Y si te cuento la historia de cuando mamá era pequeña...?

El pequeño rey dudó. Aproveché la oportunidad.

—Cada noche cuando mamá era pequeña y era verano, se acostaba en su cama hasta que el sol se fuera a dormir y el cielo estuviera oscuro. Después se escabullía de la cama, caminaba de puntitas hasta la puerta de la entrada y se salía. Mamá vivía en el campo, donde había árboles en todos lados y pasto corto y el cielo era muy grande y azul oscuro. Y cuando lo observaba, podía ver millones y millones de estrellas brillantes. Pero la cosa favorita de mamá de las noches de verano era caminar en el cálido y húmedo aire y sobre el frío y húmedo pasto y a su alrededor, en la oscuridad, bailaban cientos de pequeñas luces verdes... ¡luciérnagas!

Le conté a mi hijo cómo jugaba con las luciérnagas. Cómo las capturaba y cómo caminaban en mis manos y escalaban en mi cabello. Y después les daba las buenas noches, nos vemos mañana, regresaba de puntitas de regreso a mi cuarto y me dormía.

La historia no tenía una trama complicada o *ninguna* trama en realidad. No era larga y no requería nada de mi imaginación. Sólo le contaba uno de mis recuerdos favoritos de cuando era niña.

La historia funcionó. Mi hijo todavía se sentaba en silencio. Apenas respiraba. Mirando hacia atrás, se parecía mucho a la forma en que se veía su padre en esa tienda en Eslovenia unos años después. Fascinado por completo por primera vez en sus dos años y medio. Cuando la historia terminó, me pidió que la contara otra vez. Y otra vez.

—Cuéntame de las luciérnagas, mamá.

No hemos hablado de la construcción desde entonces.

Ahora lo único que satisface a este chico es una historia. Mis historias. Las historias de su padre. Las de su abuelo. Si no supiera, me culparía por crear un monstruo, un monstruo con un apetito insaciable. Pero adelante, intenta alimentarlo con galletas saladas o puré de manzana. Te los aventaría. Él quiere historias.

Claro, sé que no es mi culpa, y para ser claros, no es un monstruo. Supongo que es el punto. Mi hijo quiere escuchar historias porque es humano. Y aunque ya no tiene dos años (y le gusta señalar que ya casi es más alto que yo), todavía quiere historias. Pide historias sobre cuando mi esposo se lastimó de niño. Pide historias sobre lo que más me gustaba hacer mientras crecía.

Una vez se le enterró una astilla por primera vez y se negó a que se la sacara, quería con desesperación ver qué pasaba después. Así que me pidió con una voz temblorosa en el camino hacia la escuela: "Mamá, ¿tienes una historia sobre cuando se te enterró una astilla?". Por desgracia, no tenía una, al menos no una que pudiera recordar. Decepcionado, caminó hacia el salón de clases, todavía con la astilla en la mano. Llamé a Michael.

—Nuestro hijo me pidió una historia sobre una astilla, ¡y no tuve una! El mayor fracaso parental.

—Oh —respondió Michael—. Yo tengo una de ésas. Como crecí navegando, siempre me enterraba astillas en los pies cuando corría de arriba para abajo en los muelles con los pies descalzos. Le contaré esa historia cuando llegue a casa.

Además del hecho de que este intercambio confirmó que en verdad estamos hechos el uno para el otro, aunque Michael no sea un comprador, también fue un recordatorio importante de que nuestras vidas son todas historias. Una narrativa de la vida real que construimos día a día, pieza por pieza en un intento por darle sentido al mundo, encontrar nuestro lugar en él y, tal vez, encontrar un poco de felicidad en el camino.

Mi hijo pide historias como una forma de darles sentido a cosas que le han pasado o podrían pasarle. No es sólo algo que hagamos o necesitemos. Somos las historias.

Recuerda eso cuando se trate de narración en los negocios, no estás reinventando la rueda, estás sumergiéndote en la corriente de la historia que recorre nuestra cabeza y vida todo el tiempo. Y vale la pena sumergirse en esa corriente para los negocios y más.

De hecho, un estudio en 2016 de algunos investigadores de la Universidad de Carolina del Norte en Chapel Hill y suny Búfalo, encontró que la gente que es buena con la narración también es más atractiva. Los resultados de este estudio en específico concluyeron que las mujeres consideran más atractivos y mejores parejas a largo plazo a los hombres que son buenos contadores de historias. Los investigadores suponen que esto es porque "las habilidades de narración reflejan las habilidades de un hombre para conseguir recursos. Buenos narradores pueden ser más propensos a influenciar a otros o ganar puestos de autoridad en la sociedad".[63]

Ya sea en casa con tu familia, tratando de encontrar pareja o avanzando en tu carrera, la historia es la forma de conseguirlo.

Después de todo, los narradores son contratados. Ganan el contrato.

Los narradores cierran la venta. Consiguen al chico. Consiguen a la chica.

Los narradores sobreviven a las arremetidas. Reciben atención. Capturan la atención. Reciben elogios. Llevan a las lágrimas.

Los narradores cierran la brecha.

Vuélvete uno y cerrarás la distancia entre lo que tienes y lo que quieres. Harás más pequeño el espacio entre dónde estás y dónde quieres estar en los negocios y en la vida.

HABÍA UNA VEZ...

Mientras nuestro tiempo juntos llega a su final y tú te preparas para irte y construir tus puentes, permíteme dejarte con una frase con la que muchas historias han comenzado desde el inicio de los tiempos. Puedes argumentar que éstas son algunas de las mejores historias, pero las que empiezan con "había una vez" con frecuencia son cuentos de hadas. No son reales y seguro que no son negocios.

Pero hubo una vez algo que sí pasó. Te pasó a ti. O tal vez a tu pareja. Les pasó a tus empleados. A tus vendedores. Y les pasó a tus consumidores.

Había una vez un intento de publicidad que falló y te dejó sin dinero y entonces…

Había una vez un negocio en el que trabajabas que quebró y entonces…

Había una vez un envío crucial que se quedó atorado en la aduana y entonces…

Había una vez una persona como tú que se soñó triunfando en los negocios y entonces…

"Había una vez" no sólo es un cuento de hadas. En realidad, es un comienzo.

Ésa es la cosa más importante que todas las historias comparten, tanto las reales como las inventadas. Toda historia necesita empezar en alguna parte. Necesita un inicio. Aunque lo engañoso con los comienzos es que a veces parecen como finales. La cosa falla... fin. La idea fracasa... fin. No hay mayor libertad que reconocer un inicio disfrazado de un final.

Me doy cuenta de que la narración puede ser intimidante. A veces no tenemos ni una sola idea. Otras veces tenemos tantas que la paradoja de la elección nos congela. Es fácil intimidarse ante la hoja en blanco o el auditorio lleno. Hay días en que incluso los mejores narradores se paralizan. Pero la forma de salir adelante siempre es la misma. La forma de salir adelante es empezar.

"Había una vez" parece un lugar extraño para terminar nuestro viaje. Pero creo que es adecuado. Después de todo, el final de esta historia, este libro, en realidad es el comienzo para ti.

Había una vez un libro sobre narración en los negocios que leí y entonces...

Apéndice

Hoja de repaso de las cuatro historias esenciales

	Historia del valor	Historia de la fundación	Historia del propósito	Historia del consumidor
Propósito	Ventas y marketing más efectivos	Aumentar la confianza de los inversionistas, socios y empleados	Alinear al equipo o la organización	Ventas y marketing, promover la excelencia
Público principal	Prospectos, consumidores	Accionistas	Empleados, equipos	Prospectos, consumidores
Quién debería contarla	Vendedores, presentadores, publicistas	Emprendedores	Líderes, gerentes, ejecutivos	Consumidores y compañías

Agradecimientos

Creo que siempre supe que algún día escribiría libros... Lo que no sabía era cuánto tiempo, energía, esfuerzo y sacrificio requeriría, de todo un equipo de personas, para hacer realidad un libro.

Y empieza con los más pequeños, mis nenes. Arn y Aune, gracias por compartir su vida con este libro. Gracias por esperar con paciencia cuando sólo necesitaba unos minutos más para terminar un capítulo. Gracias por la lluvia de ideas para el título y burlarse de las portadas. Gracias por celebrar de manera tan genuina cuando el manuscrito, por fin, estuvo listo. Gracias por viajar por el país conmigo para lanzar el libro, olvidarse del almuerzo y encontrar el camino al baño cuando la fila de pedidos anticipados se alargaba por horas. Gracias por contarles a sus maestros, compañeros y personas desconocidas en el aeropuerto que su mamá había escrito un libro y debían comprarlo. Son los mejores niños de seis y siete años que una mamá o autora podría pedir.

Aunque sea extraño agradecer a alguien cuyo nombre desconoces, este libro no existiría si no fuera por las personas que se sientan en el público de los congresos donde he tenido el honor de presentarme. Gracias por escuchar, preguntar, compartir sus

273

historias y desafiarme a darle forma a esta cosa de la narración que siempre supe que podría ser un mensaje útil. Incluso cuando las luces son demasiado brillantes para ver sus caras, puedo sentir su energía y no sé dónde estaría sin ustedes.

A quienes leyeron la primera versión del libro y ofrecieron su apoyo, gracias. Sus palabras de aliento significaron mucho para mí en una época vulnerable. Lo admitiré: un par de veces me caí de la silla por la emoción, pero los moretones valieron la pena.

Nunca olvidaré la primera vez que escuché sobre Kathy Schneider, mi agente literario. Estaba en un aeropuerto hablando por teléfono con Kate White, la antigua editora en jefe de la revista *Cosmopolitan*. Me estaba dando algunos consejos sobre la publicación de libros (por lo cual estoy muy agradecida) y mencionó a una amiga suya que empezaba una nueva carrera en una agencia que buscaba construir su catálogo de libros de negocios. Unos días después estaba en el teléfono con Kathy. Unas semanas después me reuní con ella en su oficina. Unos minutos después de conocerla supe que era la indicada. Gracias por tu arduo trabajo y apoyo emocional (¡esta cosa de la publicación de libros no es para los débiles!). Establecimos metas altas, Kathy, y estoy muy orgullosa de lo que lograron estas dos primerizas. Muchas gracias a Chris Prestia, Julianne Tinari y todo el equipo de JRA.

Un enorme agradecimiento a Dan Clements, quien ayudó a sacar las palabras de mi cabeza y ponerlas en papel por primera vez. No hay nada peor que mirar una hoja en blanco; gracias por asegurarte de que mis páginas estuvieran llenas desde el principio. A Beth Wand y Kristina Brune, gracias por aparecer en el momento decisivo. Cuando la fecha límite era feroz y el tiempo limitado, se metieron, reforzaron y estoy muy agradecida.

Nunca olvidaré la primera vez que hablé con mi editora, Jessica. Claro, en ese momento todavía no era mi editora. Me estaba entrevistando para ver si ajustaba bien. La entrevista fue por teléfono y me pusieron en altavoz. Estaba sudando de forma literal y figurada. Jessica no tuvo miedo de hacerme preguntas difíciles y me presionó para aclarar de qué se trataba el libro y quién querría leerlo. Cuando la llamada terminó, me hundí en la silla, exhausta. Sabía que si Jessica decía sí, el libro sería grandioso. Lo hizo. Y lo es. Con ella llegó todo el equipo de HarperCollins: Jeff, Amanda, Hiram, Sicily y muchos otros. Gracias por creer en mí, en mi mensaje y traerlo al mundo.

A mi equipo interno (Tiffany) por ayudarme a contar historias todos los días en Instagram. A Meg por esparcir la palabra en las redes sociales (y por estar ahí para ayudar ese primer día loco cuando ofrecimos pedidos anticipados). Y a Andrea, mi mano derecha, gracias por asegurarte de que mi negocio siguiera funcionando mientras entraba y salía del modo autora.

Gracias a mis amigos y familia que me apoyaron, animaron y escucharon hablar de trabajo incluso cuando no querían. No podría haber logrado esto sin ustedes.

Finalmente, a Michael. El libro empieza y termina contigo. Como debería. Te amo.

Notas

Introducción

1   "History", Eight & Bob, revisado el 5 de febrero de 2019, https://eightandbob.com/us/history/.

Capítulo 1. Las brechas en los negocios y los puentes que las cierran (y no las cierran)

2   "Building Powerful Brands / Brand Revitalisation: Extra Gum—Give Extra, Get Extra", The Marketing Society, revisado el 18 de marzo de 2019, https://www.marketingsociety.com/sites/default/files/thelibrary/Give%20extra_Redacted.pdf.

3   Magnus Pagendarm y Heike Schaumburg, "Why Are Users Banner-Blind? The Impact of Navigation Style on the Perception of Web Banners", *Journal of Digital Information* 2, núm. 1 (2001), https://journals.tdl.org/jodi/index.php/jodi/article/view/36/38.

4   "Online Consumers Fed Up with Irrelevant Content on Favorite Websites, According to Janrain Study", Janrain, 31 de julio de 2013, https://www.janrain.com/company/newsroom/press-releases/online-consumers-fed-irrelevant-content-favorite-websites-according.

5   Melanie C. Green y Timothy C. Brock, "The Role of Transportation in the Persuasiveness of Public Narratives", *Journal of Personality*

and Social Psychology 79, núm. 5 (2000): 701-721, http://dx.doi.
org/10.1037/0022-3514.79.5.701.

6   T. Van Laer *et al.*, "The Extended Transportation-Imagery Model:
A Meta-Analysis of the Antecedents and Consequences of Consumers' Narrative Transportation", *Journal of Consumer Research* 40, núm. 5 (febrero de 2014): 797-817, https://doi.org/
10.1086/673383.

7   Jillian Berman, "There's Something About Breath Mints and Shar-
ing", *The Wall Street Journal*, 11 de septiembre de 2017, https://
www.wsj.com/articles/theres-something-about-breath-mints-and-
sharing-1505135794.

8   "Building Powerful Brands", The Marketing Society.

9   "Building Powerful Brands", The Marketing Society.

Capítulo 2. Había una vez un cerebro...

10   Paul J. Zak, "Why We Cry at Movies", *Psychology Today*, 3 de febrero de 2009, https://www.psychologytoday.com/blog/the-moral-
molecule/200902/why-we-cry-movies.

11   Paul J. Zak, "Why Inspiring Stories Make Us React: The Neurosci-
ence of Narrative" (enero-febrero de 2015): 2, https://www.ncbi.
nlm.nih.gov/pmc/articles/PMC4445577/.

12   Zak, "Why Inspiring Stories Make Us React".

13   Zak, "Why Inspiring Stories Make Us React".

14   Véase Ushma Patel, "Hasson Brings Real Life into the Lab to Exa-
mine Cognitive Processing", *Princeton University News*, 5 de diciembre de 2011, https://www.princeton.edu/main/news/archive/
S32/27/76E76/index.xml.

15   Zak, "Why Inspiring Stories Make Us React".

16   Zak, "Why Inspiring Stories Make Us React".

17   Zak, "Why Inspiring Stories Make Us React".

Capítulo 3. Qué genera una historia maravillosa

18 Chris Chase, "Seattle's Super Bowl Win Made Gambling History", *USA Today*, 4 de febrero de 2014, http://ftw.usatoday.com/2014/02/seattle-seahawks-super-bowl-prop-bets-odds.

19 Suzanne Vranica, "Higher Prices Don't Keep Marketers Away from Ad Time for Super Bowl", *The Wall Street Journal*, 3 de enero de 2012, https://www.wsj.com/articles/SB10001424052970203899504577130940265401370.

20 Sherwood Forest, "Budweiser Super Bowl XLVIII Commercial— 'Puppy Love' ", video de YouTube, 1:00, 31 de enero de 2014, https://www.youtube.com/watch?v=Zsj9AiK76Z4.

21 Véase Jill Rosen, "Super Bowl Ads: Stories Beat Sex and Humor, Johns Hopkins Researcher Finds", Hub, Johns Hopkins University, 31 de enero de 2014, http://hub.jhu.edu/2014/01/31/super-bowl-ads/.

22 Yuval Noah Harari, *Sapiens: De animales a dioses* (España: Debate, 2015), p. 31.

23 "Why Choose hydraSense®", hydraSense Nasal Care, revisado el 5 de febrero de 2019, https://www.hydrasense.com/why/naturally-sourced-seawater/.

24 Alli McKee, "[Your Company] in 100 Words", Medium, 1º de noviembre de 2017, https://medium.com/show-and-sell/your-company-in-100-words-e7558b0b1077.

25 Marketwired, "Tivo's Top 10 Commercials From 50 Years of the Biggest Game of the Year", Yahoo! Finanzas, 11 de enero de 2016, https://finance.yahoo.com/news/tivos-top-10-commercials-50-110000503.html.

26 "Super Bowl 2014 Ads: Facts and Figures (Updated)", Marketing Charts, 6 de febrero de 2014, http://www.marketingcharts.com/traditional/super-bowl-2014-ads-facts-and-figures-39421/.

27 Keith A. Quesenberry, "William Shakespeare Holds the Key to a Great Super Bowl Ad", *Time*, 1º de febrero de 2016, http://time.com/4200086/best-super-bowl-ads/.

28 NPR, "Code Switch: An Advertising Revolution", Stitcher, 5 de septiembre de 2017, https://www.stitcher.com/podcast/national-public-radio/code-switch/e/51357262?autoplay=true.

Capítulo 4. La historia del valor

29 Daniel Kahneman, *Pensar rápido, pensar despacio* (México: Debolsillo, 2011), p. 20.

30 Kahneman, p. 20.

31 Kahneman, p. 62.

32 Amy Wolf, "For a Winning Ad at the Super Bowl: Less Shock and More Sophisticated Storyline", Vanderbilt News, 30 de enero de 2012, https://news.vanderbilt.edu/2012/01/30/winning-super-bowl-ads-needs-sophistication/.

33 Philip Elmer-Dewitt, "Why 'Misunderstood' Won an Emmy for Apple", *Fortune*, 18 de agosto de 2014, http://fortune.com/2014/08/18/why-misunderstood-won-an-emmy-for-apple/.

34 Elmer-Dewitt, "Why 'Misunderstood' Won an Emmy for Apple".

Capítulo 5. La historia de la fundación

35 Biz Carson, "How 3 Guys Turned Renting an Air Mattress in Their Apartment into a $25 Billion Company", *Business Insider*, 23 febrero de 2016, https://www.businessinsider.com/how-airbnb-was-founded-a-visual-history-2016-2.

36 Michael Carney, "Brian Chesky: I Live on Cap'n McCain's and Obama O's Got AirBnB Out of Debt", Pando, 10 de enero de 2013, https://pando.com/2013/01/10/brian-chesky-i-lived-on-capn-mccains-and-obama-os-got-airbnb-out-of-debt/.

37 Carolyn Said, "Airbnb's Swank Digs Reflect Growth, But Controversy Grows", *SF Gate*, 27 de enero de 2014, https://www.sfgate.com/bayarea/article/Airbnb-s-swank-digs-reflect-growth-but-5175734.php.

38 Max Chafkin, "Can Airbnb Unite the World?", *Fast Company*, 12 de enero de 2016, https://www.fastcompany.com/3054873/can-airbnb-unite-the-world.

39 Said, "Airbnb's Swank Digs Reflect Growth".

40 Nat Levy, "Live Blog: Andreessen Horwitz Partner Jeff Jordan at the GeekWire Summit 2016", GeekWire, 4 de octubre de 2016, http://www.geekwire.com/2016/live-blog-andreessen-horowitz-partner-jeff-jordan-geekwire-summit-2016/.

41 Avery Hartmans, "This Is the One Quality Every Startup Founder Needs", *Business Insider*, 25 de septiembre de 2016, http://www.businessinsider.com/jeff-jordan-andreessen-horowitz-startup-founders-2016-9.

42 Airbnb, "Funding Rounds", Crunchbase, https://www.crunchbase.com/organization/airbnb/funding_rounds/funding_rounds_list#section-funding-rounds.

43 *2017 Kaufman Index of Startup Activity*, Fundación Ewing Marion Kauffman, mayo de 2017, http://www.kauffman.org/kauffman-index/reporting/~/media/c9831094536646528ab012dcbd1f83be.ashx.

44 QuickBooks, "Did You Know? Most Small Businesses Start With $10,000 or Less", Intuit QuickBooks, revisado el 18 de marzo de 2019, https://quickbooks.intuit.com/r/trends-stats/know-small-businesses-start-10000-less/.

45 Greg McKeown, "If I Read One More Platitude-Filled Mission Statement, I'll Scream", *Harvard Business Review*, 4 de octubre de 2012, https://hbr.org/2012/10/if-i-read-one-more-platitude-filled-mission-statement.

46   Véase "Number of U.S. Financial Advisers Fell for Fifth Straight Year—Report", Reuters, 11 de febrero de 2015, https://www. reuters.com/article/wealth-cerulli-advisor-headcount/number-of-u-s-financial-advisers-fell-for-fifth-straight-year-report-idUSL-1N0VL23920150211.

Capítulo 6. La historia del propósito

47   Paul J. Zak, "Why Your Brain Loves Good Storytelling", *Harvard Business Review*, 28 de octubre de 2014, https://hbr.org/2014/10/why-your-brain-loves-good-storytelling.

48   Simon Caulkin, "Companies with a Purpose Beyond Profit Tend to Make More Money", *Financial Times*, 24 de enero de 2016, https://www.ft.com/content/b22933e0-b618-11e5-b147-e5e5bba42e51.

49   Rachel Tesler *et al.*, "Mirror, Mirror: Guided Storytelling and Team Reflexivity's Influence on Team Mental Models", *Small Group Research* 49, núm. 3 (2018): 267-305, https://journals.sagepub.com/doi/abs/10.1177/1046496417722025.

50   Tesler *et al.*, "Mirror, Mirror".

51   Tesler *et al.*, "Mirror, Mirror".

52   Citado en David K. Williams, "The Best Leaders Are Vulnerable", *Forbes*, 18 de julio de 2013, https://www.forbes.com/sites/davidkwilliams/2013/07/18/the-best-leaders-are-vulnerable/#442fcf5e3c1d.

53   Williams, "The Best Leaders Are Vulnerable".

54   Williams, "The Best Leaders Are Vulnerable".

55   Robyn Fivush, Marshall Duke y Jennifer G. Bohanek, " 'Do You Know...' The Power of Family History in Adolescent Identity and Well-Being", *Journal of Family Life*, 23 de febrero de 2010, https://ncph.org/wp-content/uploads/2013/12/The-power-of-family-history-in-adolescent-identity.pdf.

Capítulo 7. La historia del consumidor

56 "Local Consumer Review Survey 2018", BrightLocal, revisado el 18 de marzo de 2019, https://www.brightlocal.com/learn/local-consumer-review-survey/.

57 Aaron Smith y Monica Anderson, "Online Shopping and E-Commerce: Online Reviews", Pew Research Center, 19 de diciembre de 2016, http://www.pewinternet.org/2016/12/19/online-reviews/.

58 "Women's Deodorant: Reviews", Native, revisado el 5 de febrero de 2019, https://www.nativecos.com/products/travel-deo-pack-womens-winter2018#reviews.

59 "Women's Deodorant: Reviews", Native.

60 Fay Schopen, "Outrage over McDonald's Twee 'Child Grief' Advert Is Plain Ridiculous", *The Guardian*, 17 de mayo de 2017, https://www.theguardian.com/commentisfree/2017/may/17/mcdonalds-child-grief-advert-bereavement.

Capítulo 10. Contar tu historia

61 Khadeeja Safdar, "Now for Sale: The Empty Space Inside Retailers' Packages", *The Wall Street Journal*, 22 de julio de 2018, https://www.wsj.com/articles/now-for-sale-the-empty-space-inside-retailers-packages-1532264400?mod=searchresults&page=1&pos=1.

62 Adaptly, con Refinery29 y Facebook, *The Science of Advertising: A Research Study on Sequenced for Call to Action vs. Sustained Call to Action*, Adaptly, revisado el 18 de marzo de 2019, https://s3.amazonaws.com/sales.adaptly.com/The+Science+of+Social+Media+Advertising.pdf.

Conclusión

63   John K. Donahue y Melanie C. Green, "A Good Story: Men's Storytelling Ability Affects Their Attractiveness and Perceived Status",
Personal Relationships, 9 de marzo de 2016, https://onlinelibrary.wi-
ley.com/doi/full/10.1111/pere.12120.

Acerca de la autora

Kindra Hall es una oradora de apertura y narradora premiada.
La han publicado en Entrepreneur.com, Inc.com y en la revista
Success como editora colaboradora. Da conferencias y trabaja
con marcas de todos los tamaños para ayudarles a aprovechar el
poder de la narración. Fuera del escenario, vive en la ciudad de
Nueva York con su esposo, hijo e hija. Le encanta el Soul Cycle,
prefiere el asiento junto a la ventanilla de los aviones y toma el
café frío.

CONVOCATORIA DE HISTORIAS

¿Tienes una historia sobre cómo usaste la narración en tu negocio? Nos encantaría escucharla. Por favor, mándanos tus historias a Hello@stellercollective.com

COLECTIVO STELLER

Si tú o tu equipo quieren poner en práctica las estrategias de narración que aprendiste en este libro, únete a nosotros en el próximo taller Steller Storytelling Workshop. Para saber más sobre talleres y entrenamientos, por favor, visita stellercollective.com

CONTRATA A KINDRA

Para agendar una conferencia de Kindra Hall en tu próximo evento, por favor escribe a Info@kindrahall.com

Historias que impactan de Kindra Hall
se terminó de imprimir en noviembre de 2020
en los talleres de
Litográfica Ingramex, S.A. de C.V.,
Centeno 162-1, Col. Granjas Esmeralda, C.P. 09810,
Ciudad de México.